Dirk Klingner

Dietrich Bonhoeffer

Lebensorte & Wirkungsstätten

Der Reiseführer

benno

Bibliografische Informationen
der Deutschen Nationalbibliothek
Die Deutsche Nationalbibliothek verzeichnet diese Publikation in der Deutschen Nationalbibliografie; detaillierte bibliografische Informationen sind im Internet über http://dnb.d-nb.de abrufbar.

ISBN 978-3-7462-4647-5

Umschlaggestaltung: Ulrike Vetter, Leipzig
Umschlagabbildungen: © epd-bild/Rolf Zöllner,
© picture alliance/Jean Brooks/robertharding,
© picture-alliance/dpa
Gesamtherstellung: Ufer Verlagsherstellung, Leipzig (A)

Inhalt

Europa und Nordamerika

Vorwort

Dietrich Bonhoeffer ist die wichtigste Symbolfigur des evangelischen Widerstandes gegen das Dritte Reich. Dieses Buch folgt seinen Spuren und führt Sie an die Orte, die mit seinem Leben in Verbindung stehen: nach Breslau, Berlin, Tübingen, Zingst, Finkenwalde und Hinterpommern, Kloster Ettal, Weimar, Schönberg und Flossenbürg, aber auch in die Metropolen Rom, Barcelona, New York, London und nach Schweden. An allen diesen Orten laden Häuser und Kirchen, Museen und Denkmäler, Gutshäuser und Gedenkstätten zum Besuch ein.

Aufnahme in diesen Reiseführer fanden aber auch einige Geheimtipps, die es zu entdecken gilt: Aus dem thüringischen Altenburg schickte ihm seine Verlobte Maria von Wedemeyer einige Briefe, in den Bodelschwinghschen Stiftungen in Bielefeld-Bethel beteiligte Bonhoeffer sich an der Abfassung des »Betheler Bekenntnisses«, in Friedrichsbrunn besaß die Familie ein Ferienhaus, in Pätzig wuchs Maria von Wedemeyer auf und in Gernsbach kann man ihr Grab besuchen. Nicht fehlen darf Wuppertal. Zwar war Dietrich Bonhoeffer nicht an der Erarbeitung der »Barmer Theologischen Erklärung« beteiligt, aber er sorgte von London aus für die Bekanntmachung dieses wichtigen Dokuments der Bekennenden Kirche in der internationalen Presse.

An allen diesen Orten kann man dem Leben und Wirken Dietrich Bonhoeffers nachspüren. Historische Karten sind den einzelnen Kapiteln vorangestellt. Sie zeigen Deutschland und Europa in der

Zeit zwischen den beiden Weltkriegen und erleichtern den Einstieg in die Lebenswelt Dietrich Bonhoeffers. Zahlreiche Fotos und Zitate von Dietrich Bonhoeffer oder aus seinem unmittelbaren Umfeld vermitteln ein lebendiges Bild dieses christlichen Märtyrers und seiner Zeit. So kann man durch einen Besuch von Bonhoeffers Lebensorten einen intensiveren Zugang zu seiner Persönlichkeit erhalten.

Dirk Klingner

Dietrich Bonhoeffer (Mitte) im Kreis der Gemeinde Barcelona beim Gemeindefest, 1928

Dietrich Bonhoeffer – Lebenslauf

4. Februar 1906	Geburt als sechstes von acht Kindern der Eltern Karl und Paula Bonhoeffer in Breslau
1912	Umzug der Familie nach Berlin
1913 bis 1923	Schulbesuch
1923	Abitur im Alter von 17 Jahren; Beginn des Studiums der Evangelischen Theologie in Tübingen
1924	Studienaufenthalt in Italien
1925	Bonhoeffer entdeckt die Schriften des Theologen Karl Barth für sich
1927	Promotion
1928	Erstes Theologisches Examen
1928/29	Pfarrvikar in Barcelona
1929/30	Assistent am Lehrstuhl für Systematische Theologie der Universität Berlin; Gemeindearbeit in der Berliner Grunewaldkirche
1930	Zweites Theologisches Examen, Habilitation und Antrittsvorlesung
1930/31	Studienaufenthalt in New York
ab 1931	Privatdozent; Hilfspredigertätigkeit in Berlin-Prenzlauer Berg
1931	Erste Begegnung mit Karl Barth in Bonn; Teilnahme an der Ökumenischen Konferenz in Cambridge; Studentenpfarrer an der Technischen Hochschule Berlin

15. Nov. 1931	Ordination zum Pastor
1931/32	Konfirmandenunterricht in einem Berliner Arbeiterviertel
1933	Machtergreifung Adolf Hitlers
Februar 1933	Kritischer Rundfunkbeitrag zum Führerbegriff
April 1933	Vortrag zum Thema »Die Kirche vor der Judenfrage«
August 1933	Mitarbeit am Betheler Bekenntnis
12. Sept. 1933	Gründung des Pfarrernotbundes gemeinsam mit Martin Niemöller
Sept. 1933	Teilnahme an der Tagung des Ökumenischen Weltbundes in Sofia
27. Sept. 1933	Flugblattaktion »An die Nationalsynode« in Wittenberg
Okt. 1933 – Ende 1934	Pfarrer zweier deutscher Gemeinden in London
November 1933	Erste Begegnung mit Bischof George Bell aus Chichester
29.–31. Mai 1934	Bekenntnissynode von Barmen
August 1934	Ökumenische Konferenz auf der Insel Fanø (Dänemark)
Okt. 1934	Reichsbekenntnissynode in Berlin-Dahlem
1935–1937	Leitung des Predigerseminars der Bekennenden Kirche auf dem Zingsthof und in Finkenwalde bei Stettin
Sept. 1935	Antrag auf Errichtung eines Bruderhauses in Finkenwalde

Februar 1936	Letzte Vorlesung an der Universität Berlin
5. Aug. 1936	Entzug der Lehrbefugnis
Februar 1937	Amtsniederlegung als Ökumenischer Jugendsekretär
Sept. 1937	Schließung des Finkenwalder Seminars
Nov. 1937	Inhaftierung von 27 Finkenwalder Seminaristen; »Nachfolge« erscheint; ab Dezember 1937 Fortsetzung der Predigerausbildung in illegalen »Sammelvikariaten« in Hinterpommern
Januar 1938	Ausweisung aus Berlin
Februar 1938	Erste Kontakte zum militärischen Widerstand
Sept. 1938	Fertigstellung von »Gemeinsames Leben« in Göttingen
Juni/Juli 1939	Gastdozent in den USA
1. Sept. 1939	Beginn des Zweiten Weltkrieges
Ende Okt. 1939 bis März 1940	Letztes »Sammelvikariat« in Sigurdshof
März 1940	Endgültige Schließung des Sammelvikariats durch die Gestapo
9. Sept. 1940	Verhängung eines Redeverbotes sowie einer Meldepflicht
Sept./Okt. 1940	Erster Teil der »Ethik« entsteht in Klein Krössin
Okt. 1940	Beiordnung zur Abwehrstelle München; Tätigkeit als V-Mann im militärischen Widerstand

Nov. 1940 – Februar 1941	Aufenthalt im Kloster Ettal, Vollendung der »Ethik«
1941/1942	Im Auftrag der Abwehr drei Reisen in die Schweiz
März 1941	Druck- und Veröffentlichungsverbot
April 1942	Reise nach Norwegen im Auftrag der Abwehr
Mai/Juni 1942	Gespräche mit George Bell in Stockholm und Sigtuna
Juni 1942	Italienreise mit Hans von Dohnanyi im Auftrag der Abwehr
17. Jan. 1943	Verlobung mit Maria von Wedemeyer
5. April 1943	Hausdurchsuchung, Festnahme und Inhaftierung in Berlin-Tegel
Juni 1943 bis August 1944	18 Besuche durch Maria von Wedemeyer in Berlin-Tegel
20. Juli 1944	Scheitern des Attentats auf Hitler
Sept. 1944	Fund der »Zossener Akten«
Oktober 1944	Überführung in das Gestapogefängnis Berlin
Februar 1945	Überführung in das KZ Buchenwald
6. April 1945	Transport über Regensburg nach Schönberg
8. April 1945	Letzte Feier eines Gottesdienstes; Deportation ins KZ Flossenbürg; »Gerichtsverhandlung« und Verurteilung zum Tode
9. April 1945	Hinrichtung

Deutschland
zur Zeit Dietrich Bonhoeffers

1 Altenburg
2 Berlin
3 Bielefeld
4 Breslau
5 Ettal
6 Finkenwalde
7 Flossenbürg
8 Friedrichsbrunn
9 Gernsbach
10 Groß Schlönwitz
11 Kieckow
12 Klein Krössin
13 Köslin
14 Pätzig
15 Schlawe
16 Schönberg
17 Tübingen
18 Weimar
19 Wuppertal
20 Zingst

OSTSEE
Memelgebiet
(1920–1923 allierte Verw.
1923 v. Litauen anekt.
1924 „Autonomiestatut")
LITAUEN
Memel
Tilsit
Königsberg
Ostpreußen
Elbing
Gdynia
Danzig
FREIE STADT DANZIG
(ab 1920 unter Völkerbundmandat)
11.7.1920: 92,4 %
11.7.1920: 97,8 %
Marienwerder
Allenstein
Graudenz
Thorn
Weichsel
Kolberg
Pommern
Stettin
Posen-Westpreußen
Grenzmark
Küstrin
Frankfurt
1918/20 poln.
Posen
Warthe
WARSCHAU
POLEN
Oder
Cottbus
Niederschlesien
Breslau
20.3.1921: 60 %
Oppeln
Oberschl.
Beuthen
Königshütte
Gleiwitz
Kattowitz
(1922 poln.)
Krakau
Hultschin
(1920 tschech.)
PRAG
Elbe
TSCHECHOSLOWAKEI
Moldau
Brünn
Linz
WIEN
Preßburg
TERREICH
Graz
UNGARN
Maribor
10.10.1920: 57 %
SHS-STAAT
AB 1929 JUGOSLAWIEN
HL = Hansestadt Lübeck (1937 preußisch)
L-D = Lippe-Detmold
SL = Schaumburg-Lippe
M-St. = Mecklenburg-Strelitz
W = Waldeck und Pyrmont (Landesteil Pyrmont/1921 preußisch)
= Grenze des Deutschen Reiches 1921
= Grenze des Deutschen Reiches 1914
= Abstimmungsgebiete (Prozentzahlen = deutscher Stimmenanteil)
Laut Vertrag von Versailles besetzte Gebiete
= 1. Zone (bes. bis 1926)
= 2. Zone (bes. bis 1929)
= 3. Zone (bes. bis 1930)
Nach Abschluss d. Vertrags von Versailles bes. Gebiete
= Sanktionen (1920–25) und franz. Besetzung des Ruhrgebietes (1923–1925)
= Ostgrenze der entmilitarisierten Zone

Altenburg

Magdalenenstift

Maria von Wedemeyer (1924–1977), Dietrich Bonhoeffers spätere Verlobte, kam 1936 im Alter von 12 Jahren nach Altenburg. In der ostthüringischen Kreisstadt, bis 1918 Residenz des Herzogtums Sachsen-Altenburg, besuchte sie das Magdalenenstift. Nach zwei Jahren verließ Maria von Wedemeyer nach Erlangung der Mittleren Reife die Stiftsschule, die von den Nazis noch im selben Jahr geschlossen wurde. Lediglich das Internat durfte bis 1944 weiter existieren.

Magdalenenstift

Ein starkes Traditionsbewusstsein prägte das Leben im Stift. Die im Internat lebenden Schülerinnen trugen eine Tracht mit schwarzen Schürzen und knöchellange Kleider. Streng kontrolliert wurde die private Lektüre und der Privatbesitz beschränkte sich auf das Nötigste. Trotz dieser Konventionen fühlte sich Maria von Wedemeyer in Altenburg wohl. Anfang 1944 kehrte sie noch einmal für einige Wochen als Erzieherin ins Magdalenenstift zurück. An Dietrich Bonhoeffer schrieb sie: »In Altenburg habe ich ein Stück Heimat gehabt, weil ich die schönsten Jahre meines Lebens dort verbrachte. Ich liebte die Menschen dort und die Häuser – alles – ich mag gar nicht daran denken, daß

dies nun vorbei ist und ich nie mehr dorthinfahren kann. [...] Und ich wollte es Dir doch un-be-dingt zeigen«.[1] Der Stiftspfarrer schätzte den Theologen Bonhoeffer, ahnte aber nicht, dass er in Maria von Wedemeyer dessen Verlobte vor sich hatte: »Denk, der Stiftspfarrer hier ist ein großer Verehrer von Dir (bzw. von Deinen Büchern), aber mich mag er nicht und behandelt mich schlecht. (Er wird wahrscheinlich nicht der Letzte sein, dem das so geht – und auch nicht der Erste, der auf den Rücken fällt, wenn er von unserer Verlobung hört.)«.[2]

Ursprünglich ließ Herzog Friedrich Wilhelm II. (1603–1669) die gegenüber dem Schloss liegenden Stiftsgebäude ab 1665 als Witwensitz für seine Frau Magdalena Sybille (1617–1668) errichten, die jedoch nur drei Jahre später starb. Der unvollendete Komplex wurde ab 1705 als evangelisch-lutherisches Frauenstift für unversorgte adlige Damen genutzt. Die Stiftsdamen widmeten sich der Kindererziehung. Heute befindet sich im Magdalenenstift ein modernes Sozialzentrum im Geist des Evangeliums und der Diakonie. Unter dem Dach einer Stiftung sind Kindergarten, Diakonie-Sozialstation, Tagespflege, Betreutes Wohnen, Senioren- und Pflegeheim vereint.

Ev.-Luth. Magdalenenstift Altenburg, Stiftsgraben 20, 04600 Altenburg, Tel.: (03447) 51 29 100, www.magdalenenstift.de

Stiftskirche des Magdalenenstiftes

Berlin

① Bartningallee 5 (erster Wohnsitz der Familie)

② Friedrichwerdersches Gymnasium

③ Theologische Fakultät der Universität

④ St. Matthäus-Kirche in Tiergarten

⑤ Kaiser-Wilhelm-Gedächtniskirche

⑥ Topographie des Terrors (Gefängnis des Reichssicherheitshauptamtes)

⑦ Dorotheenstädtischer Friedhof

⑧ Staatsbibliothek

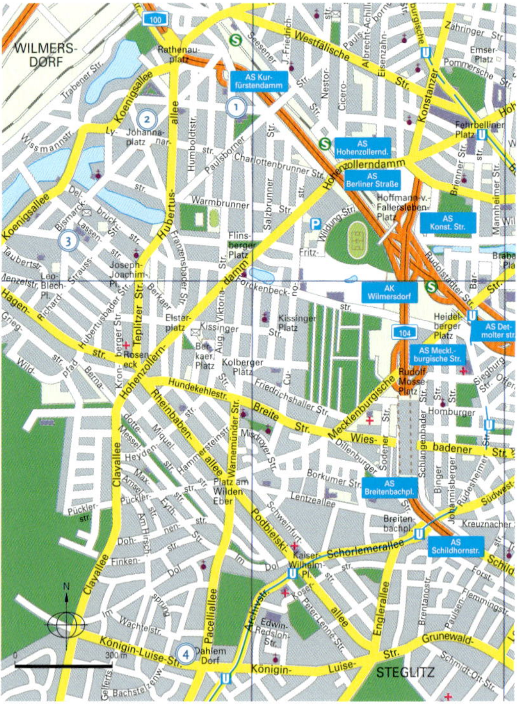

1. Wangenheimstraße 14 (Wohnsitz der Familie Bonhoeffer 1916–1935)
2. Grunewald-Gymnasium
3. Grunewaldkirche
4. Martin-Niemöller-Haus

Stadtplan Berlin mit Bezirken und Ortsteilen

1. Zionskirche Prenzlauer Berg
2. Markuskirche Steglitz
3. Marienburger Allee 43 (Wohnsitz der Familie Bonhoeffer ab 1935)
4. Gefängnis Tegel
5. Friedhof Heerstraße

Erste Jahre in Berlin

Die meiste Zeit seines Lebens verbrachte Dietrich Bonhoeffer in Berlin. Nach der Berufung Karl Bonhoeffers an die Berliner Charité im Jahr 1912 zog die Familie in ein Haus in der Brückenallee 5 (heute Bartningallee) nordwestlich des Tiergartens. Heute erinnert hier nach den Zerstörungen im Zweiten Weltkrieg und der kompletten Neubebauung des Viertels in den 1950er und 1960er Jahren nichts mehr an die Zeit, als Familie Bonhoeffer hier wohnte.

Karl Bonhoeffer

In Berlin besuchten die älteren Kinder eine nahegelegene Schule. Für den 7 Jahre alten Dietrich begann 1913 der Unterricht außerhalb des Elternhauses auf dem traditionsreichen humanistischen Friedrichswerderschen Gymnasium in der Bochumer Straße. Seit 1937 wird das Gebäude von der Staatlichen Technikerschule Berlin genutzt.

Den acht Jahre alten Dietrich charakterisierte sein Vater in seinem Silvestertagebuch: »Dietrich macht seine Arbeiten selbständig und ordentlich. Er rauft sich gern und viel.«[3] Im Alter von acht Jahren begann Dietrich auch mit dem Klavierunterricht. Schon früh konnte er vom Blatt spielen, komponierte und arrangierte Musikstücke. Jeden Sonnabend fanden im Hause Bonhoeffer Musizierabende statt. Dietrich Bonhoeffer dachte ernsthaft daran, eine Laufbahn als Musiker einzuschlagen.

i Staatliche Technikerschule Berlin, Bochumer Straße 8b, 10555 Berlin

Wangenheimstraße 14

Im Jahr 1916 zog die Familie in ein großes Haus in der Wangenheimstraße 14 in Berlin-Grunewald um. Das Haus lag in einem »besseren« Viertel, geprägt durch viele Professoren, die dort lebten. So wohnten Max Planck (1858–1947) und Bonhoeffers späterer Lehrer Adolf von Harnack (1851–1930) ganz in der Nähe. Zum Haus der Bonhoeffers gehörte ein großzügiger Garten, in dem auch Hühner und Ziegen gehalten wurden. Bis 1935 wohnte die Familie in diesem mit Kunstgegenständen und Familienerbstücken angefüllten Haus. Dazu zählten Porträtgemälde der Vorfahren, Piranesi-Radierungen aus dem 18. Jahrhundert und großformatige Landschaftsbilder von Dietrich Bonhoeffers Urgroßvater Stanislaus Graf von Kalckreuth (1820–1894). Im Zentrum des Familienlebens stand das große Esszimmer. Hier konnten sich 20 Personen an einem Tisch versammeln. Heute erinnert an dem inzwischen in acht Wohnungen aufgeteilten Haus eine Gedenktafel an die früheren Bewohner.

ℹ Wangenheimstraße 14, 14193 Berlin

Walther-Rathenau-Schule

Seit 1919 besuchte Dietrich Bonhoeffer das Grunewald-Gymnasium. Zu seiner Klasse gehörte auch Ursula Andreae, die Nichte des Außenministers Walther Rathenau (1867–1922). Im Unterricht hörte Bonhoeffer am 24. Juni 1922 die Schüsse des tödlichen Attentats auf Rathenau. Heute trägt das Grunewald-Gymnasium den Namen »Walther-Rathenau-Schule«. Zur selben Zeit wie Dietrich Bonhoeffer besuchten auch sein Bruder Klaus (1901–1945) und die später mit der Familie Bonhoeffer verschwägerten Widerstandskämpfer gegen das NS-Regime Hans von Dohnanyi (1902–1945) und Justus Delbrück (1902–1945) das Grunewald-Gymnasium.

Walther-Rathenau-Schule in Berlin-Grunewald

Walther-Rathenau-Schule, Herbertstraße 4, 14193 Berlin

Grunewaldkirche

Grunewaldkirche

Den Konfirmandenunterricht besuchten Dietrich und Sabine Bonhoeffer gemeinsam in der 1904 geweihten Grunewaldkirche bei Pastor Hermann Priebe (1871–1961). Auch Hans von Dohnanyi, später Bonhoeffers Schwager, wurde von Priebe konfirmiert. Zur Konfirmation am 15. März 1921 erhielt Dietrich als Geschenk die Bibel seines 1918 gefallenen Bruders Walter. Für den Rest seines Lebens gebrauchte er diese Bibel bei seinen täglichen Andachten. Als Konfirmationsspruch wählte Dietrich einen Text aus dem Römerbrief: »Ich schäme mich des Evangeliums von Christo nicht; denn es ist eine Kraft Gottes, die da selig macht alle, die daran glauben, die Juden vornehmlich und auch die Griechen.« (Röm 1, 16).

Während seines Theologiestudiums absolvierte Dietrich Bonhoeffer ein Praktikum in der Grunewaldkirche. Er bereitete Kindergottesdienste mit kindgerechten Predigten vor. Mit seiner jüngeren Schwester Susanne lud er die Kinder auch zu sich nach Hause ein oder machte mit ihnen Ausflüge. Der bedeutende Theologe Bonhoeffer hatte auch die Gabe, Kinder ihrem Alter gemäß unterweisen zu können.

Die Grunewaldkirche erlitt 1943 durch Luftminen und Brandbomben schwere Schäden. Dem Wiederaufbau der Kirche im puristischen Stil der

Nachkriegszeit fielen zahlreiche erhaltene architektonische Details zum Opfer, die den Krieg unbeschadet überstanden hatten.

Grunewaldkirche, Bismarckallee 28 b, 14193 Berlin, Tel.: (030) 897 33 33, www.grunewaldgemeinde.de

Universität

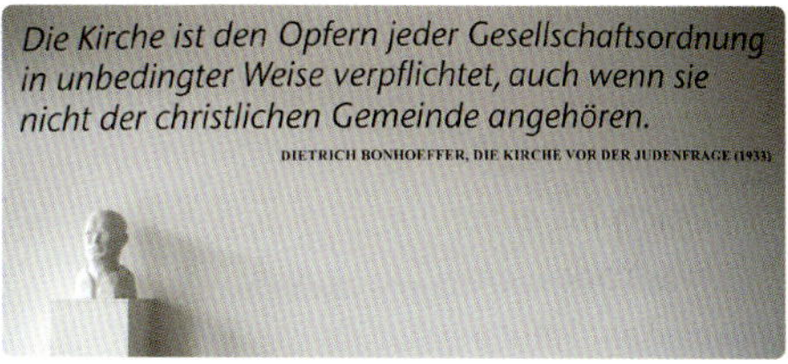

Büste und Zitat von Dietrich Bonhoeffer in der Eingangshalle der Theologischen Fakultät

Nach dem Abitur 1923 begann Bonhoeffer mit dem Studium der Theologie. Bereits seit 1919 stand dieser Entschluss fest. In Tübingen studierte er das erste Jahr, dann folgte ein Italienaufenthalt. Von 1924 bis 1927 setzte er sein Theologiestudium in Berlin fort. Er wohnte wieder in seinem Elternhaus. Zu seinen Lehrern an der berühmten Berliner Theologischen Fakultät gehörten Adolf von Harnack und Reinhold Seeberg (1859–1935). Bonhoeffer schrieb bei Seeberg seine Dissertation »Sanctorum Communio. Eine dogmatische Untersuchung zur Soziologie der Kirche«. Ende 1927 verteidigte er seine Dissertation und Anfang 1928 absolvierte er das Erste Theologische Examen. Anschließend verließ Dietrich Bonhoeffer für ein Jahr Berlin, um in Barcelona als Vikar die Arbeit in der Deutschen Evangelischen Gemeinde zu unterstützen.

Nach seiner Rückkehr aus Spanien dachte Bonhoeffer daran, die Universität zu verlassen und ein Pfarramt zu übernehmen. Doch er war erst 23 Jahre alt, und nicht eher als mit 25 Jahren war eine Ordination ins Pfarramt überhaupt möglich. So entschloss sich Bonhoeffer zur Habilitation und war als Assistent am Lehrstuhl für Systematische Theologie der Universität Berlin tätig. Trotz des erfolgreich absolvierten Zweiten Theologischen Examens, der Annahme seiner Habilitationsschrift und seiner Antrittsvorlesung war Bonhoeffer immer noch zu jung, um ordiniert zu werden. So entschied er sich für einen einjährigen Studienaufenthalt in New York.

Im Foyer des heute von der Theologischen Fakultät der Humboldt-Universität genutzten Gebäudes erinnert eine von Bonhoeffers Zwillingsschwester Sabine geschaffene Büste an den heute bekanntesten Theologen, der in den 1930er Jahren hier lehrte. In einer Zeit, in der viele Menschen in Adolf Hitler einen neuen Messias sahen, behielt Dietrich Bonhoeffer den Überblick und ließ sich nicht irre machen: »Aber in [Bonhoeffers] Vorlesungen hörten wir, dass das Heil allein durch Jesus Christus kommt.«[4] An der Wand über der Büste fordert das Wort Bonhoeffers »Die Kirche ist den Opfern jeder Gesellschaftsordnung in unbedingter Weise verpflichtet, auch wenn sie nicht der christlichen Gemeinde angehören« aus seiner 1933 erschienenen Schrift »Die Kirche vor der Judenfrage« zum Nachdenken heraus.

Theologische Fakultät, Burgstraße 26, 10178 Berlin,
Tel.: (030) 20 93 56 93,
www.theologie.hu-berlin.de/de/fakultaet

St. Matthäus-Kirche in Tiergarten

Aus den USA kehrte im Juni 1931 ein veränderter Dietrich Bonhoeffer zurück. Er begann, sich nun intensiver mit der Bibel zu beschäftigen und besuchte regelmäßig jeden Sonntag den Gottesdienst. So oft wie möglich nahm er auch am Abendmahl teil, das damals in der Evangelischen Kirche meist viel seltener als heute gefeiert wurde. Am 15. November 1931 erfolgte die Ordination Dietrich Bonhoeffers in der St. Matthäus-Kirche in Berlin-Tiergarten.

Die von Friedrich August Stüler (1800–1865) entworfene und 1846 geweihte Kirche steht am südlichen Rand des Großen Tiergartens im heu-

St. Matthäus-Kirche in Tiergarten

tigen Berliner Kulturforum. Durch Luftangriffe und die Kämpfe im April 1945 erlitt die Kirche schweren Schaden. Das Äußere wurde zwischen 1956 und 1960 originalgetreu rekonstruiert, der Innenraum jedoch gänzlich neu gestaltet. Anlässlich des 100. Geburtstages von Dietrich Bonhoeffer fand in der St. Matthäus-Kirche ein Gedenkgottesdienst statt, in dem Rowan Williams, der Erzbischof von Canterbury, predigte. Seit 2006 erinnert eine Gedenktafel neben dem Hauptportal der Kirche an Bonhoeffers Ordination.

St. Matthäus-Kirche, Matthäikirchplatz,
10785 Berlin-Tiergarten, Di–So 11-18 Uhr geöffnet,
Tel.: (030) 262 12 02, www.stiftung-stmatthaeus.de

Kaiser-Wilhelm-Gedächtniskirche

Die Jahre 1932 und 1933 waren geprägt von den politischen Auseinandersetzungen und Veränderungen in Deutschland. Dietrich Bonhoeffer predigte in dieser Zeit auch mehrfach in Vertretung seines Freundes Pfarrer Gerhard Jacobi (1891–1971) in der Kaiser-Wilhelm-Gedächtniskirche, die allerdings im Zweiten Weltkrieg zerstört wurde. Nur die Turmruine und die Vorhalle erinnern noch an die Kirche, in der Bonhoeffer wirkte. Zur Gemeinde der Kaiser-Wilhelm-Gedächtniskirche gehörte auch Reichspräsident Paul von Hindenburg (1847–1934). Allerdings ist nicht bekannt, ob er eine von Bonhoeffers Predigten gehört hat.

Kaiser-Wilhelm-Gedächtniskirche um 1900

Kaiser-Wilhelm-Gedächtniskirche, Breitscheidplatz, 10789 Berlin, Mo-So 9–19 Uhr geöffnet, Tel.: (030) 218 50 23, www.gedaechtniskirche-berlin.de

Zionskirche

Bereits Ende 1931, kurz nach seiner Ordination, hatte Dietrich Bonhoeffer eine Konfirmandengruppe in einem schwierigen sozialen Milieu in Berlin-Mitte übernommen. Ein betagter Pfarrer unterrichtete etwa 40 bis 50 Konfirmanden, gegenüber denen er sich nicht durchsetzen konnte. Bonhoeffer übernahm die Gruppe und mietete sich ganz in der Nähe der Zionskirche, in der Oderberger Straße 61, ein Zimmer. Seine Konfirmanden konnten ihn hier jederzeit ohne Anmeldung besuchen. Auch wenn Dietrich Bonhoeffer nicht da war, durften sie in sein Zim-

mer. Er spielte mit den Konfirmanden Schach und machte Ausflüge. Alle Familien besuchte er vor der Konfirmation und gewann so einen tiefen Einblick in die sozialen Nöte der Zeit. Zu Weihnachten machte er seinen Konfirmanden ein kleines Geschenk und schließlich kaufte er ihnen Stoff für Konfirmandenanzüge. Im März 1932 konfirmierte Bonhoeffer in der Zionskirche »seine« Konfirmanden. Darüber hinaus hielt er in der Zionskirche Predigtgottesdienste und Taufen.

Zionskirche

An der Westseite der Zionskirche steht ein bronzener Torso. Das Denkmal des Bildhauers Karl Biedermann erinnert von vorn an ein Kreuz und von der Seite an einen knienden Menschen. Ein zweiter Abguss des Denkmals befindet sich an der Elisabethkirche in Bonhoeffers Geburtsort Breslau. Auch eine Gedenktafel rechts neben dem Hauptportal der Zionskirche hält das Gedenken an Bonhoeffer wach.

Seit 2015 erinnert auch eine Gedenktafel am Haus Oderberger Straße 61 an Bonhoeffers Wirken in diesem Stadtviertel.

Zionskirche, Zionskirchplatz, 10119 Berlin, So 10–17 Uhr, Mo 20–22 Uhr, Mi–Sa 14–19 Uhr geöffnet,
Tel.: (030) 449 21 91, www.zionskirche-berlin.de,
www.gemeinde-am-weinberg.de

Gedenktafel am Haus Oderberger Straße 61,
10435 Berlin

Berlin-Dahlem

Von Oktober 1933 bis Ende 1934 weilte Dietrich Bonhoeffer, jetzt Pfarrer zweier deutscher Kirchgemeinden in London, nur gelegentlich in Berlin. So konnte er nicht an der Bekenntnissynode in Berlin-Dahlem teilnehmen. Martin Niemöller (1892–1984) war einer der Pfarrer der Gemeinde Dahlem. Im Dahlemer Gemeindehaus tagte am 19. und 20. Oktober 1934 die zweite Bekenntnissynode, die das »Kirchliche Notrecht« formulierte. Damit wurde der »Reichsbruderrat« der Bekennenden Kirche als legitimes Leitungsgremium der Kirche proklamiert. Niemöller predigte bis zu seiner Verhaftung am 1. Juli 1937 meist in der Jesus-Christus-Kirche. Sein Pfarrhaus befand sich bei der St. Annen-Kirche und beherbergt heute das Martin-Niemöller-Haus.

Martin-Niemöller-Haus in Berlin-Dahlem

Dietrich Bonhoeffer nahm am 1. November 1938 an einer Versammlung der Bekennenden Kirche in der Gemeinde Dahlem teil und wurde hier verhaftet. Zwar wurde er schnell wieder entlassen, erhielt aber ein Aufenthaltsverbot für Berlin. Bald jedoch konnte er eine Aufhebung des Verbots zumindest für Privatbesuche erwirken.

Jesus-Christus-Kirche Berlin-Dahlem, Hittorfstraße 23, 14195 Berlin, Tel.: (030) 84 17 050, www.kg-dahlem.de

Martin-Niemöller-Haus, Pacelliallee 61, 14195 Berlin
Mi u. Do 10–13 Uhr geöffnet, Tel.: (030) 84 1099 52, www.niemoeller-haus-berlin.de

Markuskirchengemeinde in Berlin-Steglitz

Nach der Rückkehr aus England übernahm Dietrich Bonhoeffer die Leitung eines der Predigerseminare der Bekennenden Kirche. Mit seinem Predigerseminar besuchte er im September 1935 die Bekenntnissynode im Gemeindehaus der Markuskirchengemeinde in Berlin-Steglitz. Bonhoeffer hatte, da er kein Synodaler war, auch kein Rederecht. Zwar lehnte die Synode den Arierparagraphen ab, jedoch nur für den kirchlichen Bereich. Eine offene Stellungnahme gegen die Nürnberger Gesetze erfolgte nicht. Heute erinnert eine Gedenktafel am Gemeindehaus an die Steglitzer Synode.

Markuskirchengemeinde Berlin-Steglitz,
Albrechtstraße 81a, 12167 Berlin,
Tel.: (030) 794 70 60, www.markus-gemeinde.de

Marienburger Allee 43

Im Oktober 1935 zogen Karl und Paula Bonhoeffer aus der Wangenheimstraße in die Marienburger Allee 43 im Stadtteil Charlottenburg. Die Bonhoeffers hatten sich dieses Haus als Alterswohnsitz errichten lassen. Dietrich Bonhoeffer erhielt ein Zimmer im obersten Stockwerk des Hauses. Wenn er in Berlin weilte, wohnte er hier. Hier fand auch das letzte große Treffen der Familie am 31. März 1943 anlässlich Karl Bonhoeffers 75. Geburtstag statt.

Dietrich Bonhoeffers Studierzimmer

Heute beherbergt das Haus eine ständige Ausstellung zu Leben und Werk Dietrich Bonhoeffers. Sein Studierzimmer wurde wieder in den Zustand gebracht, in dem er es bei seiner Verhaftung 1943 verlassen hatte. Hier entstanden Teile seiner »Ethik« und die Widerstandsanalyse »Nach zehn Jahren«. Auch konspirative Gespräche des Widerstands fanden hier statt.

Für Besuche und Klausurtagungen von Einzelpersonen und Gemeindegruppen (bis ca. 30 Personen) steht das Haus mit seiner Präsenzbibliothek offen. Darüber hinaus können eine Sammlung von Videos, DVDs und CDs sowie weitere Materialien für die Arbeit im Haus genutzt werden.

Bonhoeffer-Haus, Marienburger Allee 43, 14055 Berlin,
Sa 10–12 Uhr und nach Voranmeldung geöffnet,
Tel.: (030) 301 91 61, www.bonhoeffer-haus-berlin.de

Gefängnis Tegel

Nach seiner Verhaftung am 5. April 1943 wurde Dietrich Bonhoeffer im Wehrmachtsgefängnis Berlin-Tegel inhaftiert. Die ersten 12 Tage verbrachte er in einem Trakt zusammen mit zum Tode Verurteilten. Dann verbesserte sich seine Situation. Von seiner Zelle im vierten Geschoss der Südseite des Zellentraktes hatte er einen weiten Blick über den Hof und auf einen Kiefernforst. Zur Ausstattung gehörten eine Holzpritsche, eine Bank, ein Hocker und ein Abortkübel. Später verlegte man Bonhoeffer

Das Gefängnis in Berlin-Tegel und die Anstaltskirche

in die Zelle 92 in der zweiten Etage. In dem zwei mal drei Meter großen Raum schrieb er seine berühmten »Brautbriefe« an seine Verlobte Maria von Wedemeyer.

Bonhoeffers Tage im Gefängnis Tegel waren geprägt von Bibellektüre und Gebet. Wie schon seit seiner Zeit in Finkenwalde verbrachte er morgens mindestens eine halbe Stunde in Stille und dachte über einen Bibelvers nach. Er betete für Freunde, Verwandte und die Brüder der Bekennenden Kirche. Auch das Psalmengebet spielte eine große Rolle. Stundenlang las er in der Bibel oder in verschiedenen Büchern. Diese brachten ihm seine Eltern bei den häufigen Besuchen neben Essen, Tabak und Kleidung mit. Maria von Wedemeyer schenkte ihm sogar einen Adventskranz und einen Christbaum, der allerdings zu groß für die Zelle war.

Zunächst durfte Dietrich Bonhoeffer nur alle zehn Tage einen Brief schreiben, dann alle vier Tage abwechselnd an Maria von Wedemeyer und seine Eltern. Schließlich gelang es ihm, das Vertrauen der Wächter zu gewinnen, die zusätzliche Briefe für ihn hinausschmuggelten. So verfasste Bonhoeffer zwischen November 1943 und August 1944 ca. 200 eng beschriebene Seiten für seinen Freund Eberhard Bethge. Im Gefängnis schrieb Bonhoeffer auch die Traupredigt zur Hochzeit seiner Nichte Renate Schleicher mit Eberhard Bethge.

Im Unterschied zu anderen Gefangenen hatte Dietrich Bonhoeffer besondere Rechte. Sein Onkel Paul von Hase (1885–1944) stand als Stadtkommandant von Berlin über der Gefängnisleitung. So hatte Bonhoeffer Zutritt zum Lazarett und konnte seelsorgerlich tätig werden. Er nutzte seine Stellung, um seinen Mitgefangenen zu helfen. Doch

Altarraum der Kirche im Gefängnis Tegel

auch seinen Bewachern spendete Bonhoeffer in dieser tristen Umgebung Trost.

Für ihn selbst wurde die Beziehung zu Maria von Wedemeyer in dieser Zeit zu einer Kraftquelle. Zwischen Juni 1943 und August 1944 durfte sie Dietrich 18 Mal besuchen. Bonhoeffer war es sogar gestattet, Besuche allein in seiner Zelle zu empfangen. Nach Marias erstem Besuch schrieb er an seine Eltern: »Eben komme ich zurück und habe Maria gesehen – eine unbeschreibliche Überraschung und Freude! Nur eine Minute vorher hatte ich es erfahren. Es ist mir noch wie ein Traum – wirklich eine fast unbegreifliche Situation, – wie werden wir später einmal daran zurückdenken!«[5]

Ein besonderes Ereignis war der gleichzeitige Besuch von Maria von Wedemeyer, seinen Eltern und Eberhard Bethge im November 1943: »Dieses Bild – die vier Menschen, die mir in meinem Leben am nächsten stehen, einen Augenblick um mich gehabt zu haben – das wird mich nun lange begleiten. Als ich herauf in meine Zelle kam, lief ich eine Stunde nur auf und ab, das Essen stand da und wurde kalt, und ich mußte schließlich über mich selbst lachen, wie ich mich dabei ertappte, daß ich von Zeit zu Zeit ganz stereotyp vor mich hinsagte: ›das war wirklich schön!‹«[6]

Die Zeit des Wartens und der Ungewissheit ging an Maria von Wedemeyer allerdings nicht spurlos

vorüber. Es gab Zeiten, da wurden ihre Briefe seltener und sie litt unter Kopfschmerzen, Schlaflosigkeit und Ohnmachtsanfällen. Im April 1944 zog sie zu Dietrichs Eltern, arbeitete als Sekretärin seines Vaters und half seiner Mutter im Haushalt.

Als sich im September die Möglichkeit zu fliehen ergab, verzichtete Bonhoeffer darauf. Fast alle Beteiligten der Verschwörung gegen Hitler waren mittlerweile verhaftet und er selbst wollte seine Eltern und seine Verlobte nicht in Gefahr bringen. Am 8. Oktober 1944 erfolgte Bonhoeffers Überstellung ins Gefängnis des Reichssicherheitshauptamtes.

Das Gefängnis in Berlin-Tegel dient noch immer seinem ursprünglichen Zweck. An Dietrich Bonhoeffer und den Jesuitenpater Alfred Delp (1907–1945), der ebenfalls in Tegel inhaftiert war, erinnert eine Gedenktafel an der Gefängniskirche. Eine Besichtigung ist nicht möglich.

Justizvollzugsanstalt Tegel, Seidelstr. 39, 13507 Berlin,
Tel.: (030) 90147 1703 (Öffentlichkeitsarbeit),
www.berlin.de/justizvollzug/anstalten/jva-tegel/die-anstalt/historie/

Gefängnis des Reichssicherheitshauptamtes

Mit der Überstellung Dietrich Bonhoeffers am 8. Oktober 1944 in das Gefängnis des Reichssicherheitshauptamtes in der Prinz-Albrecht-Straße wurde er zum direkten Gefangenen der Gestapo. Vier Monate verbrachte er hier in einer 2 ½ mal 1 ½ Meter großen

Freiluftausstellung »Topographie des Terrors« an der ehemaligen Berliner Mauer

Zelle im Keller, in die kein Tageslicht drang. Es gab weder Hofgänge noch freundliche Wärter. Zur gleichen Zeit wie Bonhoeffer waren hier auch weitere Männer des Widerstandes eingekerkert: der ehemalige Leipziger Bürgermeister Carl Friedrich Goerdeler (1884–1945), der Rechtsanwalt Josef Müller (1898–1979) und General Hans Oster (1887–1945).

Bonhoeffer durfte nun keine Briefe mehr absenden, und Maria von Wedemeyer erhielt auch keine Besuchserlaubnis. Allerdings übergab der Kommissar Franz-Xaver Sonderegger bei drei Gelegenheiten entgegen den Vorschriften Briefe Dietrichs an Maria. Der Brief vom 19. Dezember 1944 enthielt das bekannte und mehrfach vertonte Gedicht »Von guten Mächten«, das so der Nachwelt erhalten blieb.

Bonhoeffers Zellennachbar war Fabian von Schlabrendorff (1907–1980), ein Cousin Maria von Wedemeyers. Er hatte 1943 ein missglücktes Attentat auf Hitler verübt. Über die gemeinsame Gefängniszeit, in der er täglich Zeit zum kurzen Austausch mit Bonhoeffer fand, schrieb Fabian

von Schlabrendorff: »Nur wer selbst längere Zeit in strenger Einzelhaft gesessen hat, kann ermessen, was diese Möglichkeit der Unterhaltung für uns in den langen Monaten bedeutet hat. [...] Immer war er [Dietrich Bonhoeffer] guter Laune, immer gleichbleibend freundlich und gegen jedermann zuvorkommend ... In dem Verhältnis zwischen uns war bezeichnend, daß er eher immer der Hoffnungsvolle war, während ich zuweilen unter Depressionen litt. Immer war er es, der einem Mut und Hoffnung zusprach, der nicht müde wurde zu wiederholen, daß nur der Kampf verloren ist, den man selbst verloren gibt.«[7]

Bei dem schweren Bombenangriff auf Berlin am 3. Februar 1945, bei dem der berüchtigte Präsident des Volksgerichtshofes Roland Freisler (1893–1945) umkam, wurde auch das Gefängnis in der Prinz-Albrecht-Straße stark beschädigt. Dietrich Bonhoeffer und 19 weitere Gefangene verlegte man in das Konzentrationslager Buchenwald.

Heute erinnern in der ehemaligen Prinz-Albrecht-Straße 8 nur einige freigelegte Kellerfundamente an das Gestapo-Gefängnis. Seit 1933 wurde das Gebäude der ehemaligen Kunstgewerbeschule von der Gestapo genutzt. Auf dem Gelände befindet sich jetzt die Ausstellung »Topographie des Terrors«. Ein Rundgang mit 15 Stationen versucht, den Besucher am unmittelbaren Ort in die Geschichte des Areals einzuführen.

i Dokumentationszentrum Topographie des Terrors, Niederkirchnerstraße 8, 10963 Berlin, Außenbereiche täglich von 10 Uhr bis zum Einbruch der Dunkelheit (spätestens 20 Uhr) geöffnet, Tel.: (030) 254 509 50, www.topographie.de

Dorotheenstädtischer Friedhof und Friedhof Heerstraße

Es ist nicht bekannt, ob und wo Dietrich Bonhoeffer nach seiner Hinrichtung im Konzentrationslager Flossenbürg begraben wurde. Auf dem Friedhof der Dorotheenstädtischen und Friedrichswerderschen Gemeinden, meist nur kurz Dorotheenstädtischer Friedhof genannt, erinnern ein hochaufragendes Kreuz aus Walzstahlprofilen und ein Steinquader an ihn und weitere, von den Nationalsozialisten ermordete Widerstandskämpfer. Zu lesen sind u. a. auch die Namen von Dietrich Bonhoeffers Bruder Klaus und seinem Schwager Rüdiger Schleicher. Sie waren an der Verschwörung gegen Hitler beteiligt und in der Lehrter Straße inhaftiert. In der Nacht vom 22. auf den 23. April 1945 wurden sie von einem SS-Kommando umgebracht. Erinnert wird auch an Hans von Dohnanyi, der im Konzentrationslager Sachsenhausen getötet wurde,

Gedenkkreuz auf dem Dorotheenstädtischen Friedhof

Das Grab der Eltern Dietrich Bonhoeffers

sowie an Justus Delbrück, der kurz nach Kriegsende in russischer Haft starb.

Als Ehrengrab des Landes Berlin blieb das Grab von Dietrich Bonhoeffers Eltern Karl und Paula auf den Friedhof Heerstraße im Stadtteil Westend erhalten. Dort liegt auch Julie Bonhoeffer (1842–1936) begraben, seine Großmutter.

Dorotheenstädtischer Friedhof, Chausseestraße 126, 10115 Berlin, täglich von 8 Uhr bis zum Einbruch der Dunkelheit geöffnet, Tel.: (030) 282 61 19

Friedhof Heerstraße, Trakehner Allee 1, 14053 Berlin, April–September von 7–20 Uhr, Oktober–März von 8–18 Uhr geöffnet, Tel.: (030) 28471708

Staatsbibliothek Berlin

Der Nachlass Dietrich Bonhoeffers wurde 1996 durch die Staatsbibliothek Berlin von Renate und Eberhard Bethge erworben. In mehr als 50 Jahren hatten sie den eigentlichen Nachlass um ein umfangreiches Archiv erweitert. Bonhoeffers Nachlass umfasst die Zeit von seiner Kindheit bis zur Haft in Tegel. Darunter befinden sich seine nicht vollendete »Ethik«, das Gedicht »Wer bin ich?«, Aufzeichnungen, Dokumente und Nachschriften seiner Vorlesungen, aber auch die Reste seiner Bibliothek. Seit 2006 gehört eine vierbändige Lutherausgabe Bonhoeffers aus dem Besitz seiner Schwester zur Sammlung.

Im Foyer der Staatsbibliothek am Kulturforum befindet sich seit 2002 eine Bonhoeffer-Skulptur des österreichischen Künstlers Alfred Hrdlicka (1928–2009).

Staatsbibliothek Berlin, Potsdamer Straße 33, 10785 Berlin, Mo–Fr 9–21 Uhr, Sa 10–19 Uhr geöffnet, Tel.: (030) 266-0, www.bonhoeffer.staatsbibliothek-berlin.de

Bielefeld

Von Bodelschwinghsche Stiftungen Bethel

In Bethel, heute ein Stadtteil von Bielefeld, befinden sich die Von Bodelschwinghschen Anstalten. Das heute größte diakonische Unternehmen in Europa geht auf ein 1867 gegründetes Heim für epilepsiekranke Menschen zurück. Friedrich von Bodelschwingh d. Ä. (1831–1910) übernahm 1872 die Leitung der Anstalten. Sein Sohn Friedrich von Bodelschwingh d. J. (1877–1946) folgte ihm 1910 in diesem Amt und führte die Anstalten auch durch die NS-Zeit. Im Jahr 1933 war Friedrich von Bodelschwingh d. J. für das Amt des Reichsbischofs vorgesehen. Der Druck des NS-Regimes verhinderte aber seinen Amtsantritt. Im nun aufflammenden

Die Zionskirche in Bielefeld-Bethel

Kirchenkampf stand er auf der Seite der Bekennenden Kirche.

Im August 1933 kam Dietrich Bonhoeffer nach Bethel. Er war beeindruckt von den diakonischen Einrichtungen und der Arbeit mit den Kranken. Bonhoeffer traf sich mit dem Pfarrer Hermann Sasse (1895–1976) und Friedrich von Bodelschwingh. Gemeinsam verfassten sie das »Betheler Bekenntnis« mit dem Ziel einer genauen Darlegung der Grundlagen des christlichen Glaubens und ihre Abgrenzung gegenüber der unausgegorenen Theologie des Reichsbischofs Ludwig Müller (1883–1945). Friedrich von Bodelschwingh verschickte den fertigen Text an 20 Theologen mit der Bitte um eine Begutachtung. Diese veränderten und verwässerten den Text. Martin Niemöller veröffentlichte den veränderten Text zwar noch anonym, aber die Hauptautoren konnten das neue Dokument nicht mehr mittragen.

Der Misserfolg des »Betheler Bekenntnisses« bestärkte Dietrich Bonhoeffer in seiner Entscheidung, die Auslandspfarrstelle in London zu übernehmen.

Von Bodelschwinghsche Stiftungen Bethel,
Hauptverwaltung, Königsweg 1, 33617 Bielefeld,
Tel.: 0521/144-00, www.bethel.de

Breslau

Bonhoeffers Geburtsort

Dietrich Bonhoeffer kam am 4. Februar 1906 in Breslau (heute: Wrocław) zur Welt. Nur zehn Minuten später folgte seine Zwillingsschwester Sabine (1906–1999). Die Eltern Karl Bonhoeffer (1868–1948) und Paula Bonhoeffer, geb. von Hase (1876–1951) heirateten 1898 in Breslau. Karl Bonhoeffer war 1893 als Assistent des Psychiatrieprofessors Carl Wernicke (1848–1905) nach Breslau gekommen. Im Jahr 1904 übernahm er Wernickes Lehrstuhl an der Universität Breslau. Paula von Hase stammte aus einem Pfarrhaus und hatte 1894 in Breslau eine Lehrerinnenausbildung abgeschlossen. Ihr Vater Karl Alfred von Hase (1842–1914) war kurzzeitig Hofprediger Kaiser Wilhelms II. in Potsdam, ihr Großvater Karl August von Hase (1800–1890) Theologieprofessor in Jena.

Breslau, Dominsel

Das Breslauer Rathaus um 1900

Bis zur Berufung Karl Bonhoeffers an die Berliner Charité im Jahr 1912 lebte die Familie in Breslau. Ihr Haus lag in der Vorstadt Scheitnig, in der Nähe der Klinik Karl Bonhoeffers. Dietrich wuchs mit seiner Zwillingsschwester, fünf älteren Geschwistern und einer jüngeren Schwester in einem weitläufigen, dreigeschossigen Haus auf. Zum Haus gehörten Veranda, Balkon und Garten. Um das Wohl der Familie kümmerten sich fünf Hausangestellte. Bei der Belagerung Breslaus 1945 erlitt Bonhoeffers Geburtshaus starke Schäden. Nach dem Krieg wurde die Fassade des Hauses teilweise restauriert. Seit 1996 erinnert eine zweisprachige Tafel an dem heute als Wohnhaus genutzten Gebäude an Dietrich Bonhoeffer, ein »Mitglied des deutschen Widerstands gegen den Nationalsozialismus«.

Dietrich wurde wie seine Geschwister von seinem Großvater Karl Alfred von Hase getauft, der nur wenige Minuten entfernt wohnte. Die Taufe fand am 18. März 1906, dem Sonntag Okuli, in der Lutherkirche statt.[8] »Das wohlgeordnet freie Familienleben kannte noch das Abendgebet der

Lutherkirche Breslau

Kinder, jedoch nicht mehr den sonntäglichen Kirchgang.«[9] Die Mutter hielt die Familie zur täglichen Bibellektüre und zum Singen von Kirchenliedern an. Sie selbst unterrichtete ihre Kinder bis zum 8. Lebensjahr zusammen mit Nachbarskindern. Dietrich und Sabine erhielten einen Teil des Unterrichts auch von ihrer Erzieherin Maria Horn, die von der Frömmigkeit der Herrnhuter Brüdergemeine geprägt war. Während die fünf älteren Geschwister ein Quintett bildeten, waren Dietrich, Sabine und ihre jüngere Schwester Susanne (1909–1991) die »drei Kleinen«. Dietrich übernahm dabei die Rolle des Beschützers seiner Schwestern. Er »war überhaupt immer nett und hilfsbereit, wenn man ihn um etwas bat«[10], erinnerte sich später seine Zwillingsschwester. »Es ist mir unvergeßlich, wie reizend Dietrich beim Beerensammeln auf den sommerlichen, heißen Halden war, wenn er mir mein Beerentöpfchen mit seinen mühsam gepflückten Himbeeren auffüllte, damit ich nicht weniger hätte als er, oder mir aus seiner Flasche zu trinken gab.«[11]

Familie Bonhoeffer kaufte 1910 ein Ferienhaus im nahen Glatzer Bergland, nahe der Grenze zu Böhmen. Diese Idylle namens Wölfelsgrund lag in einem kleinen Tal unmittelbar am Wald. Auf einem alten Obstbaum gab es einen Hochsitz für die Kin-

Paula Bonhoeffer mit ihren acht Kindern, um 1911/12. Dietrich dritter von links

der. Nur zwei Stunden Bahnfahrt von Breslau entfernt fand die Familie hier einen idealen Platz, um ihre Ferien zu verbringen.

An Dietrich Bonhoeffer erinnert in Breslau neben seinem Geburtshaus seit 1999 auch ein kreuzähnlicher Metalltorso vor der Elisabethkirche im Zentrum der Altstadt. Es ist ein zweiter Abguss

des Denkmals, das an der Berliner Zionskirche steht. Die Erinnerung an Bonhoeffer wird von der Stadt Breslau mitgetragen, und auch der Priester der heute von der katholischen Militärgemeinde genutzten Elisabethkirche freut sich über das Denkmal des deutschen Theologen. Das wäre in der Nachkriegszeit nicht möglich gewesen, die Situation war für evangelische Polen nicht einfach. Sie standen unter dem Verdacht der Kollaboration mit den deutschen Besatzern. Erst seit 1959 dürfen die wenigen aus Breslau nicht vertriebenen deutschen Lutheraner wieder Gottesdienste in ihrer Muttersprache feiern. Ab 1970 machte die Journalistin Anna Morawska (1922–1972) mit ihrem Buch »Ein Christ im Dritten Reich« Dietrich Bonhoeffer und den deutschen Widerstand gegen Hitler auch in Polen bekannt.

Bonhoeffer-Denkmal vor der Elisabethkirche

Geburtshaus Dietrich Bonhoeffers, ul. Bartla Kazimierza 7, PL-51-513 Wrocław; Denkmal vor der Elisabethkirche, ul. Świetego Elżbiety 1, PL-50-111 Wrocław; Tel.: +48 (71) 34 43 111 (Touristinformation Wrocław), www.wroclaw.pl

Ettal

Kloster Ettal

Den Winter 1940/41 verbrachte Dietrich Bonhoeffer in Ettal. Josef Müller, katholischer Rechtsanwalt und wie Bonhoeffer Mitarbeiter der Abwehr in München, erreichte eine Einladung durch den Abt des Benediktinerklosters. In der Abgeschiedenheit Ettals fand Bonhoeffer Ruhe und Frieden. Hier schrieb er den Abschnitt über »Die letzten und vorletzten Dinge«, eines der wichtigsten Kapitel seiner »Ethik«. Bonhoeffer wohnte im Hotel »Ludwig der Bayer«. Doch er war – als Nichtkatholik! – Ehrengast des Klosters. Angetan schrieb er am 18. November 1940 an seinen Freund Eberhard Bethge: »Seit gestern bin ich hier, aufs freundlichste aufgenommen, esse im Refektorium, schlafe im Hotel, kann die Bibliothek benutzen, habe eignen Schlüs-

Kloster Ettal

Gedenktafel für Pater Rupert Mayer SJ und Pastor Dietrich Bonhoeffer

sel zur Klausur, hatte gestern ein langes, gutes Gespräch mit dem Abt.«[12]

Angelus Kupfer, von 1933 bis 1951 der Abt des Klosters, und einige Priester lasen während Bonhoeffers Ettaler Zeit sein Buch »Gemeinsames Leben« und wollten mit Bonhoeffer darüber sprechen. Bonhoeffer genoss den klösterlichen Tagesablauf und fand in Ettal zu einer neuen Wertschätzung der katholischen Kirche. An seine Eltern schrieb er am 21. November 1940: »Fremd ist mir die Form dieses Lebens [im Kloster] ja nicht und ich empfinde die Gleichmäßigkeit und Stille als sehr wohltuend für die Arbeit. Es wäre schon ein Verlust (und es war wohl ein Verlust in der Reformation!), wenn die durch 1500 Jahre bewährte Form des Zusammenlebens zerstört würde, was man hier für durchaus möglich hält. Ich glaube, daß unendlich viele Reibungen, die es sonst notwendig bei so engem und dauerndem Miteinanderleben geben müßte, durch die strenge Ordnung verhindert werden, und daß die Arbeit dadurch eine sehr gesunde Grundlage bekommt.«[13]

Im nahen München erledigte Bonhoeffer in diesem Jahr seine Weihnachtseinkäufe. So erwarb er zahlreiche Drucke der »Geburt Christi« von Stephan Lochner. Briefe und Päckchen schickte er an die Finkenwalder Brüder. Bonhoeffers Schwester Christine und ihr Mann Hans von Dohnanyi beschlossen, ihre drei Kinder wegen der Fliegerangriffe nicht mehr in Berlin, sondern in Ettal zur Schule zu schicken. Zu Weihnachten kam auch Eberhard Bethge zu Besuch, und gemeinsam verbrachte man die Feiertage. Doch Dietrich Bonhoeffer traf sich in Ettal auch mit anderen Mitgliedern der Verschwörung (Carl-Friedrich Goerdeler, Josef Müller) und Vertretern des Vatikan. Mit Reichsjustizminister Franz Gürtner (1881–1941) unternahm er einen langen Spaziergang. Gemeinsam loteten sie Möglichkeiten aus, wie Pfarrer der Bekennenden Kirche vom Wehrdienst befreit werden könnten. Der überraschende Tod Gürtners machte diese Bemühungen zunichte.

Im Kloster Ettal verbrachte Pater Rupert Mayer (1876–1945) von 1940 bis 1945 seine von den Nazis angeordnete Klosterhaft. Ob sich die beiden Gegner des Nationalsozialismus begegneten, ist nicht bekannt. Bonhoeffer musste damit rechnen, dass die Gestapo seine Briefe lesen würde, und dem Jesuitenpater Rupert Mayer war es untersagt, Besucher zu empfangen. Heute erinnert eine Tafel an die beiden Theologen: »Um CHRISTI willen im Widerstand gegen das Naziregime verfolgt, weilten in Ettal P. Rupert Mayer SJ [und] Pastor Dietrich Bonhoeffer.«

Benediktinerabtei Ettal, Kaiser-Ludwig-Platz 1, 82488 Ettal, Tel.: (08822) 74-0 (Kloster), www.abtei.kloster-ettal.de

Finkenwalde bei Stettin

Leben im Predigerseminar

Dietrich Bonhoeffer im August 1935

Nach dem Interim in Zingst fand das Predigerseminar der Bekennenden Kirche in Finkenwalde (heute: Zdroje), einem kleinen Landstädtchen südöstlich von Stettin (heute: Szczecin), eine dauerhaftere Bleibe. Das Predigerseminar wurde im ehemaligen Gutshaus der Familie von Katte eingerichtet, das zuvor durch eine von den Nazis aufgelöste Privatschule genutzt wurde. Zum Gutshaus gehörten mehrere Nebengebäude, eine Turnhalle aus der Schulzeit und ein Park mit einer Kiesgrube. Das Gutshaus befand sich in einem erbärmlichen Zustand und musste von den Seminaristen erst bewohnbar gemacht werden. Trotzdem hielt Dietrich Bonhoeffer schon am 26. Juni 1935 in dem noch nicht eingerichteten Haus seine erste Vorlesung.

Vor allem der pommersche Landadel (Familie von Bismarck aus Lasbeck und Familie von Wedemeyer aus Pätzig) unterstützte das Predigerseminar. So konnte die Turnhalle zur Kapelle umgestaltet werden. Bauern von den umliegenden Höfen brachten Lebensmittel für die angehenden Pfarrer nach Finkenwalde. Dietrich Bonhoeffer stiftete die Bibliothek, darunter auch eine wertvolle Ausgabe der Luther-

schriften aus dem Besitz seines Urgroßvaters Karl von Hase.

Ruth von Kleist-Retzow (1867–1945), die Großmutter von Bonhoeffers späterer Verlobter Maria von Wedemeyer, besuchte ab Herbst 1935 regelmäßig die Sonntagsgottesdienste in der Kapelle in Finkenwalde. Seit Mitte der dreißiger Jahre kümmerte sie sich von Stettin aus um die Erziehung ihrer Enkel. Dietrich Bonhoeffer konfirmierte drei von ihnen (Spes von Bismarck, Hans-Friedrich von Kleist-Retzow, Max von Wedemeyer). Maria von Wedemeyer erschien ihm allerdings damals noch nicht reif genug für die Konfirmation.

Der Tagesablauf in Finkenwalde hatte eine klare Struktur. So erinnerte sich Albrecht Schönherr (1911–2009): »Bonhoeffer verlangte von uns, dass wir vor der Morgenandacht kein einziges Wort miteinander sprachen. Das erste Wort des Tages sollte Gottes Wort sein.«[14] Nach der etwa 45minütigen Andacht, die am großen Esstisch stattfand, folgte

Gedenktafel im »Garten der Stille und Meditation«

das Frühstück. Im Anschluss daran meditierten die Seminaristen eine halbe Stunde über einen Bibelvers. Eine Woche lang jeden Tag über denselben Vers. Das war für viele neu und gewöhnungsbedürftig. Erst danach begannen die Vorlesungen.

Im »Garten der Stille und Meditation«

Am Mittag traf man sich, um Choräle zu singen. Nachmittags und am Abend standen gemeinsame Unternehmungen wie Wandern, Fußball oder Tischtennis auf dem Programm. Gegen 22 Uhr endete der Tag mit einer gemeinsamen Andacht. Einmal im Monat versammelte sich die Hausgemeinde sonnabends zu einer Abendmahlsfeier. Wichtig war Bonhoeffer auch die Wiederbelebung der Beichte. Dabei war die Absolution für ihn nicht an einen Pfarrer gebunden.

An Karl Barth (1886–1968) schrieb Dietrich Bonhoeffer: »Die Arbeit im Seminar macht mir

Freude. Wissenschaftliche und praktische Arbeit sind schön miteinander verbunden. [...] Daß aber sowohl theologische Arbeit wie auch wirkliche seelsorgerliche Gemeinschaft nur erwachsen kann in einem Leben, das durch morgendliche und abendliche Sammlung um das Wort, durch feste Gebetszeit bestimmt ist, ist gewiß...«[15]

Im Sommer 1937 leitete Bonhoeffer den fünften Sechsmonatskurs in Finkenwalde. Er befand sich noch im Urlaub, als das Predigerseminar im September 1937 von der Gestapo geschlossen wurde. Bonhoeffers Versuche, die Schließung wieder aufzuheben, misslangen.

Vom ehemaligen Predigerseminar in Finkenwalde sind keine Gebäude erhalten geblieben, das Gelände wird heute durch die evangelische Stettiner Dreifaltigkeitsgemeinde betreut. Im Jahr 2012 konnte der »Dietrich-Bonhoeffer-Garten der Stille und Mediation« (»Ogród ciszy i medytacji Dietricha Bonhoeffera«) eröffnet werden. Gartenbauschüler aus Stettin und Hamburg entwickelten die Ideen dazu. So halten nun ein Gedenkweg, ein Kreuz und eine Gedenktafel die Erinnerung an das Predigerseminar Finkenwalde wach.

»Ogród ciszy i medytacji Dietricha Bonhoeffera«
(»Dietrich-Bonhoeffer-Garten der Stille und Mediation«),
Jabłoniowa 6, PL-71-899 Szczecin-Zdroje,
www.cme.nazwa.pl/szczecin/index.php?D=11
(polnisch, deutsch, englisch)

Flossenbürg

Der Beginn des Lebens

Im Konzentrationslager Flossenbürg verbrachte Dietrich Bonhoeffer die letzten Stunden seines Lebens. Am 8. April 1945, dem ersten Sonntag nach Ostern, wurde er in Schönberg von zwei Gestapo-Männern in Zivil abgeholt. Bei seiner Verhaftung sprach er zu seinem Mitgefangenen Payne Best (1885–1978), einem Captain des britischen Secret Intelligence Service, die berühmten Worte: »Dies ist das Ende – für mich der Beginn des Lebens«[16]. Sie waren bestimmt für Bischof George Bell von Chichester, Bonhoeffers Freund.

Dietrich Bonhoeffer wurde nun nach Flossenbürg gebracht, wo er am Abend desselben Tages

Lagerplan des KZ Flossenbürg

Friedrichsbrunn

Ferienhaus der Familie Bonhoeffer

Nach dem Umzug der Familie Bonhoeffer nach Berlin musste das Ferienhaus im Glatzer Bergland aufgegeben werden, da es nun zu weit entfernt lag. Noch 1913 kauften die Bonhoeffers ein neues Domizil in Friedrichsbrunn im Harz, heute ein Ortsteil von Thale, und verbrachten von jetzt an ihre Ferien dort. Oft kamen Freunde und Verwandte mit nach Friedrichsbrunn. Abends spielte man auf einer großen Wiese im Dorf Völkerball mit den Dorfkindern.

Auch in späteren Jahren kam Dietrich Bonhoeffer immer wieder gern nach Friedrichsbrunn zurück. Nach Ostern 1941 verbrachte er einige Zeit allein hier und arbeitete in aller Stille an seiner »Ethik«. In einem Brief aus dem Gefängnis in Berlin-Tegel erinnerte er sich 1944 ganz lebendig: »In meinen Phantasien lebe ich viel ... in den Waldwiesen bei Friedrichsbrunn ... Ich liege dann auf dem Rücken

Das ehemalige Ferienhaus der Familie Bonhoeffer

im Grase, sehe bei leichtem Wind die Wolken über den blauen Himmel ziehen und höre die Geräusche des Waldes.«[17]

Seit 2014 beherbergt das ehemalige Ferienhaus die neugestaltete Ausstellung »Die Familie Bonhoeffer in Friedrichsbrunn«. Die interaktive und sich selbst erschließende Schau lässt die Mitglieder der großen Familie in Fotos, Briefen und selbst geschriebenen Erinnerungen gleichsam wieder lebendig werden. Jedes Jahr Ende August laden das Bonhoeffer-Haus und die Kirchgemeinde zu Bonhoeffer-Tagen ein. Seit 1996 trägt die Kirche in Friedrichsbrunn den Namen »Bonhoeffer-Kirche«. In der Umgebung des Ferienhauses kann man auf den Spuren der Bonhoeffers wandern gehen. Für Familien wird ein kindgerechtes Wanderheft mit einem Quiz bereitgehalten. Nach Beantwortung der Fragen können sich Kinder eine kleine Belohnung im »Café Bonhoeffer« abholen. Zwei Ferienwohnungen im Bonhoeffer-Haus bieten eine Übernachtungsmöglichkeit.

i Bonhoeffer-Haus Friedrichsbrunn, Waldstraße 7, 06507 Thale OT Friedrichsbrunn, Fr–Mi 14–18 Uhr geöffnet (November bis März gelegentlich geschlossen), außerhalb der Öffnungszeiten Besuch auf Anfrage möglich, Tel.: (03948) 774 91 61 oder 0160 771 94 01, www.bonhoeffer-haus-friedrichsbrunn.de

Gernsbach

Grab Maria von Wedemeyers

Maria von Wedemeyers Bruder Hans-Werner (* 1927) hatte in Gernsbach im badischen Schwarzwald ein Stück Land erworben und eine neue Heimat für die Familie geschaffen. Auf ihren Wunsch hin wurde 1977 die Urne mit Maria von Wedemeyers Asche hier auf dem katholischen Friedhof bestattet. Seit 2009 erinnert eine Gedenktafel an der Friedhofskapelle gegenüber dem Grab an Maria von Wedemeyer und Dietrich Bonhoeffer. Der Pfälzer Bildhauer Andreas Helmling schuf eine kreuzförmige Stahlplastik mit eingeschwenkten Flügeln. »Sie versinnbildlicht zusätzlich ein aufgeschlagenes Buch, einen Engel und ein vergittertes Fenster.«[18] Auf der Tafel sind alle sieben Verse von Bonhoeffers bekanntem Gedicht »Von guten Mächten« zu lesen.

Gedenktafel an der Friedhofskapelle, ganz rechts Hans-Werner von Wedemeyer

Maria von Wedemeyer kehrte Ende Januar 1945 auf Bitten ihrer Mutter aus Berlin nach Pätzig zurück. Hier übernahm sie die Führung eines Trecks, mit dem drei ihrer jüngeren Geschwister und weitere Dorfbewohner vor der bedrohlich nahegerückten Front über die zugefrorene Oder nach Westen flohen. Das Kriegsende erlebte Maria von Wedemeyer bei Verwandten im unterfränkischen Bundorf. Erst Anfang Juni 1945 erfährt sie vom Tod ihres Verlobten.

Im Herbst 1945 begann Maria von Wedemeyer in Göttingen mit dem Studium der Mathematik, das sie 1950 in den USA abschloss. Hier arbeitet sie zunächst als Statistikerin und später in der Computerbranche. Ihre erste Ehe mit Paul-Werner Schniewind (1923–2011) scheiterte ebenso wie die zweite mit dem amerikanischen Fabrikanten Barton Weller (1916–1990). Aus ihrer ersten Ehe hatte Maria von Wedemeyer zwei Söhne. Sie starb im Alter von 53 Jahren 1977 in Boston. Einer breiten Öffentlichkeit wurde sie erst 15 Jahre später bekannt, als ihre ältere Schwester Ruth-Alice von Bismarck (1920–2013) den Briefwechsel Maria von Wedemeyers mit Dietrich Bonhoeffer veröffentlichte. Maria von Wedemeyer hatte einer Herausgabe des Briefwechsels nach ihrem Tode zugestimmt.

Katholischer Friedhof, Kirchhofweg, 76593 Gernsbach

Hinterpommern

Landadel, Sammelvikariate und Maria von Wedemeyer

Hinterpommern, der östlich von Stettin gelegene Teil der Provinz Pommern, spielte im Leben Dietrich Bonhoeffers eine wichtige Rolle. In der ländlich geprägten Region war die Bedeutung des Landadels nicht zu unterschätzen. Gelebter christlicher Glaube war in der Mehrzahl der Adelsfamilien Bestandteil des Alltags. Bonhoeffer »entdeckte eine selbstbewußte und verwurzelte Kirchlichkeit, welche vielfach von unabhängigen Patronatsherren auf den Gütern getragen wurde, und er fand Wohlgefallen an den lebendigen Spuren der pommerschen Erweckungsbewegung ... Hier in Pommern hat er neue Freundschaften geschlossen, an denen er bis ans Ende festhielt.«[19] Viele Familien gehörten zur Bekennenden Kirche und engagierten sich auch im Widerstand gegen Hitler. Nach der Schließung des Predigerseminars in Finkenwalde richtete Bonhoeffer ab Ende 1937 an verschiedenen Orten Hinterpommerns Sammelvikariate ein. Man suchte Gemeinden, deren Pfarrer der Bekennenden Kirche gewogen waren und unterstellte ihnen mehrere Lehrvikare. Die Vikare wohnten, ähnlich wie in Finkenwalde, in einer bis zu 10 Personen umfassenden Wohngemeinschaft. So konnte die Pfarrerausbildung der Bekennenden Kirche noch bis 1940 fortgesetzt werden.

Groß Schlönwitz

Das Dorf Groß Schlönwitz (heute: Słonowice) liegt rund 14 km südwestlich von Stolp (heute: Słupsk).

Dietrich Bonhoeffer und Eberhard Bethge vor dem Pfarrhaus in Groß Schlönwitz

Im Pfarrhaus des Dorfes wohnten von 1937 bis 1939 die Vikare des illegalen Predigerseminars der Bekennenden Kirche in Schlawe. Dietrich Bonhoeffer fuhr oft in das kleine, kaum 400 Einwohner zählende Dorf, um seine Vikare zu unterrichten.

Ein Kandidat des Predigerseminars berichtet in einem Brief über seine Vikariatszeit in Groß Schlönwitz: »Statt in die muffige Luft theologischen Muckertums kam ich in eine Welt, die vieles vereinte, was ich liebe und brauche: saubere theologische Arbeit in einer kameradschaftlichen Gemeinsamkeit, die das ei-

Die mittelalterliche Dorfkirche in Groß Schlönwitz

gene Unvermögen nie verletzend merken ließ, sondern die Arbeit zur Freude machte; – wahrhafte Bruderschaft unter dem Wort, die alle einte ›ohne Ansehung der Person‹ – dabei doch Aufgeschlossenheit und Liebe zu allem, was auch diese gefallene Schöpfung noch liebenswert macht: Musik, Literatur, Sport und die Schönheit der Erde; – ein großzügiger Lebensstil …«[20]

In der schön restaurierten Dorfkirche, deren Ursprünge auf das Spätmittelalter zurückgehen, hält eine Gedenktafel die Erinnerung an Dietrich Bonhoeffer und das Predigerseminar wach.

i PL-76-251 Słonowice

Kieckow

Seit dem Jahr 1800 befand sich das Gutsdorf Kieckow (heute Kikowo), 22 km südöstlich der Kreisstadt Belgard gelegen, im Besitz der Familie von Kleist-Retzow. Gutsherr Hans Hugo von Kleist-Retzow (1814–1892) ließ 1848 die kleine Dorfkirche anstelle eines 1818 wegen Baufälligkeit abgerissenen Vorgängerbaus errichten. Nachfolger als Gutsherr wurde Jürgen von Kleist-Retzow (1854–1897), der 1886 Ruth von Zedlitz-Trützschler (1867–1945) heiratete. Aus der Ehe ihrer jüngsten Tochter Ruth (1897–1985) mit Hans von Wedemeyer (1888–1942) entstammt Dietrich Bonhoeffers Verlobte Maria von Wedemeyer.

Nach dem frühen Tod ihres Mannes führte Ruth von Kleist-Retzow das Gut mit Unterstützung eines Verwalters weiter und kümmerte sich um die Erziehung ihrer fünf Kinder. Später widmete sie sich ihren Enkeln. So lebte auch Maria von Wedemeyer zeitweise in Kieckow. Dietrich Bonhoeffer weilte zwi-

Dietrich Bonhoeffer mit Ruth von Kleist-Retzow und Konstantin von Kleist-Retzow im Garten des Gutshauses in Kieckow

schen 1938 und 1942 oft und manchmal für viele Wochen in Kieckow. Hier führte er theologische Gespräche mit Ruth von Kleist-Retzow und schrieb Teile seiner »Ethik«. Am 9. April 1938 konfirmierte Bonhoeffer in der Kieckower Dorfkirche drei Enkel Ruth von Kleist-Retzows: Spes von Bismarck, Hans-Friedrich von Kleist-Retzow und Max von Wedemeyer. Am 3. August 1941 predigte Bonhoeffer auch in der Trauerfeier für den im Alter von 18 Jahren gefallenen Hans-Friedrich von Kleist-Retzow. Eine Familiengrabstätte hinter der Kirche erinnert an viele Familienmitglieder, so auch an Ruth von Kleist-Retzow, die am 2. Oktober 1945 noch in der Heimat verstarb.

Erhalten sind in Kieckow das wiederhergestellte Gutshaus der Familie von Kleist-Retzow und die

Gutshaus in Kieckow

Kirche. Eine Gedenktafel an der Außenseite der Kirche erinnert an das Wirken Dietrich Bonhoeffers in Kieckow.

Dorfkirche in Kieckow

PL-78-220 Kikowo; www.v-kleist.com/Kieckow

Klein Krössin

Wie Kieckow gehörte auch Klein Krössin (heute Krosinko) seit 1800 zu den Gütern der Familie von Kleist-Retzow. Klein Krössin liegt rund 3 km nordwestlich von Kieckow und 20 km südöstlich von Belgard. Von 1922 bis 1945 war Klein Krössin Witwensitz Ruth von Kleist-Retzows.

Dietrich Bonhoeffer lud die jungen Ehefrauen inhaftierter Pastoren der Bekennenden Kirche nach Klein Krössin. Mehrere Abschnitte seiner »Ethik« sind hier entstanden. Nach der Rückkehr von seiner Schwedenreise begab sich Dietrich Bonhoeffer im Juni 1942 nach Klein Krössin. Hier traf er auf Maria von Wedemeyer. Er kannte sie zwar schon einige Jahre, doch jetzt sah er die inzwischen 18jährige mit anderen Augen. Maria hatte gerade ihr Abitur gemacht. Dietrich Bonhoeffer traf nur einen Tag mit der hübschen und lebhaften jungen Frau zusammen, schon am nächsten Morgen musste sie abreisen. Später erinnerte sich Maria von Wedemeyer daran: »Dort [in Klein-Krössin] war ich eine Woche, und dann erschien, erstmal eigentlich ein bißchen störend, der berühmte Pastor Bonhoeffer zu Besuch. Es entwickelte sich aber sehr schnell, daß wir zu dritt [mit Ruth von Kleist-Retzow] gut miteinander konnten. Die Unterhaltung zwischen den beiden wurde so geführt, daß ich nicht nur zu verstehen glaubte, um was es ging, sondern auch sehr ermutigt wurde mitzureden. Was ich dann auch tat. [...] Wir unterhielten uns über Zukunftspläne. Mein Plan, Mathematik zu studieren, der von meiner Großmutter als dummer Flausen erklärt wurde, wurde aber von Dietrich, vielleicht gerade deswegen, ernstgenommen.«[21] Es dauerte noch einige Zeit, bis sich Dietrich Bonhoeffer darüber klar wurde, dass er sich an diesem Junitag in Klein Krössin in Maria von Wedemeyer verliebt hatte.

Klein Krössin zählte 1865 lediglich 10 Wohnhäuser. Heute leben in dem kleinen Dorf etwas weniger als 100 Einwohner. Vom Gutshaus der Familie von Kleist-Retzow blieb nichts mehr erhalten.

> PL-78-220 Krosinko;
> www.v-kleist.com/Kieckow/kieckow_al_7.htm

Köslin

Köslin (heute Koszalin) war bis 1945 Hauptstadt des gleichnamigen Regierungsbezirkes und Sitz des mit 38 Pfarrstellen größten Kirchenkreises in Pommern. Seit 1922 übte Friedrich Onnasch (1881–1945) das Amt des Kösliner Superintendenten aus. Er gehörte der Bekennenden Kirche und deren Leitungsgremium, dem Bruderrat der Kirche der Altpreußischen Union an. Nach der Auflösung des Predigerseminars in Finkenwalde nahm Friedrich Onnasch einen Teil der Vikare in seinem Kirchenkreis auf. Sein Sohn Fritz Onnasch (1911–1945) betreute das Sammelvikariat in Köslin. Fritz Onnasch hatte 1939 Margret Bethge geheiratet, die Schwester von Dietrich Bonhoeffers Freund Eberhard Bethge.

Superintendent Friedrich Onnasch wurde 1940 verhaftet und mit einem Aufenthaltsverbot für die Provinz Pommern belegt. Er übernahm ein Pfarramt in Berlinchen in der Neumark. Hier wurde er im Februar 1945 von russischen Soldaten erschossen. Sein Sohn Fritz stand bis 1945 der Kösliner Gemeinde vor. Auch er starb wie sein Vater durch die Hand plündernder russischer Soldaten.

Heute erinnert eine Gedenktafel an der ehemaligen Superintendentur an die beiden Kösliner Pfarrer

Köslin, Kathedrale St. Marien

und auch an Dietrich Bonhoeffer. Zehn Vikare der Bekennenden Kirche wohnten in der Kösliner Superintendentur. Sie wurden Pfarrern in den umliegenden Dörfern pro forma als Lehrvikare zugewiesen. Von Montag bis Mittwoch unterrichtete Dietrich Bonhoeffer in einem eigens bereitgestellten Zimmer der Superintendentur die Vikare. Von 1937 bis zum Sommer 1939 konnten insgesamt vier Vikariatskurse in Köslin stattfinden. Sehenswert sind die ehemalige evangelische Stadtpfarrkirche und heutige katholische Kathedrale St. Marien, Predigtkirche von Friedrich und Fritz Onnasch, und die Gertraudenkapelle. Diese achteckige Kapelle, bis 1945 von den Altlutheranern genutzt, dient seit 1999 als Gotteshaus der Ende der 1960er Jahre neugegründeten evangelischen Gemeinde. Auch heute noch feiert die Gemeinde monatlich Gottesdienste in deutscher Sprache.

Ehemalige Superintendentur, Jana Matejki 3, PL-75-540 Koszalin; Kathedrale St. Marien, Bolesława Chrobrego 7, PL-75-063 Koszalin; Gertraudenkapelle, Modrzejewskiej, PL-75-903 Koszalin

Schlawe

In Schlawe (heute: Sławno), einer damals knapp 10.000 Einwohner zählenden Kreisstadt, amtierte Superintendent Eduard Block (1886–1970). Er beschäftigte Dietrich Bonhoeffer und Eberhard Bethge als Hilfsprediger in seinem Kirchenkreis. Bonhoeffer war jetzt in Schlawe polizeilich gemeldet und wohnte in der Superintendentur. »Wenn es auch selten in Anspruch genommen wurde, so hielt Block doch immer ein Bett für Bonhoeffer bereit. Er erledigte für ihn Behördenanfragen und Ferngespräche, bog mit Geschick polizeiliche Erkundigungen ab oder ließ den Gesuchten rechtzeitig anwesend sein. Mit einem eigens entwickelten Code machte er, stets auf Postkarten, seine gewitzten Mitteilungen. Niemand konnte ihn in seiner Ruhe erschüttern. Bonhoeffer schätzte seine Art ebenso wie die Kochkunst seiner Frau.«[22] Von Donnerstag bis zum Wochenende unterrichtete Bonhoeffer die Vikare in Schlawe. Oft

Schlawe, um 1940

Marienkirche in Schlawe

pendelte er mit dem Motorrad zwischen Schlawe, Groß Schlönwitz und Köslin.

An einem Pfeiler der nach dem Zweiten Weltkrieg wiederaufgebauten Marienkirche erinnert eine große Bronzetafel in deutscher und polnischer Sprache an das Wirken von Superintendent Eduard Block und Dietrich Bonhoeffer in Schlawe.

Marienkirche, ul. Rapackiego 24, PL-76-100 Sławno,
www.mariackaslawno.pl

Sigurdshof

Als ab April 1939 weder die Pfarrhäuser in Schlawe noch in Groß Schlönwitz zur Verfügung standen, zog das Predigerseminar auf den abgelegenen Sigurdshof um. Der Gutsbesitzer Ewald Graf von Kleist (1882–1953) in Tychow hatte das leerstehende Vorwerk dem Predigerseminar zur Verfügung gestellt. Eberhard Bethge beschrieb den Ort so: »Drei

Kilometer südlich des Gutsdorfes gelegen, übertraf dieses Häuschen alles Bisherige an Abgeschiedenheit. Unter tief hinabreichendem Dach und aus üppigen Ranken blickten vier sehr kleine Fenster der Vorderfront auf einen wenig benutzten Hof. Dahinter floß die idyllische Wipper vorbei. Die Wasserpumpe stand bereits unter den ersten Bäumen des unabsehbaren Forstes, welcher im Süden in die Varziner Wälder der Bismarcks überging. Elektrischen Strom gab es nicht.«[23] Dietrich Bonhoeffer pendelte nun zwischen Sigurdshof und Berlin hin und her.

Am 14. Februar 1940 schrieb Bonhoeffer an seine Eltern: »Am Sonntag waren wir mit Schlitten in einem benachbarten Gutshaus. Es war eine herrliche lange Fahrt. Als wir zurück kamen waren es 28 Grad – und doch hatte man kaum gefroren. Die Arbeit geht unter diesen Umständen gut weiter. Wir haben vom Förster 2 m Holz und auch 2 Zentner Kohlen bekommen. So geht es wieder für ein paar Tage. Die Verpflegung ist natürlich auch etwas erschwert, aber noch wird man satt [...] Wenn es nach mir geht, so würde ich, glaube ich, nie mehr für immer in der Stadt leben wollen.«[24]

Die letzte Gruppe von Vikaren beendete am 15. März 1940 in Sigurdshof ihren Kurs zur Vorbereitung auf das Pfarramt. Nur drei Tage später schloss die Gestapo das Predigerseminar. Heute erinnert nichts mehr an das Vorwerk Sigurdshof.

Sigurdshof, an der heutigen Straße Nr. 209, ca. 2,5 Kilometer südöstlich von Tychowo kommend an einer Straßenbiegung auf der linken Seite

Pätzig

Heimat Maria von Wedemeyers

Maria von Wedemeyer

Pätzig (heute: Piaseczno) liegt rund 50 km östlich der Oder im ehemaligen Landkreis Königsberg in der Neumark. Hier kam Maria Frederike von Wedemeyer am 23. April 1924 im Gutshaus des Rittergutes als drittes von insgesamt sieben Kindern des Ehepaares Hans und Ruth von Wedemeyer zur Welt. Wälder, weite Ackerflächen auf kargem Boden, versumpfte Seen und Teiche prägen bis heute die Umgebung des Dorfes. An zwei langen Dorfstraßen wohnten 35 Landarbeiterfamilien, und etwas abseits standen die Häuser von 10 gutsabhängigen Bauern.

Maximilian von Wedemeyer, Marias Großvater, hatte das Gut für seinen zweiten Sohn Hans gekauft. Im Mittelpunkt des Dorflebens standen das Herrenhaus, die Kirche, das Pfarrhaus und die Schule. Eine prächtige Kastanienallee verband Kirche und Herrenhaus. Eine kleiner Park und ein Garten umgaben das Gutshaus.

Weihnachten und Ostern waren die Höhepunkte im Pätziger Gutshaus. Eine große Rolle spielte das Krippenspiel in der Kirche, an dem etwa 40 Personen teilnahmen und das Marias Mutter mit der Gemeinde einübte. Am Heiligen Abend war es Tradition, die Kinder aller Landarbeiter zu bescheren.

Jede Mahlzeit im Gutshaus begann mit dem Beten des Psalms 103 als Tischgebet. Hans von Wedemeyer gehörte der Berneuchener Bewegung an, die eine Reform der Kirche und des gottesdienstlichen Lebens anstrebte. Später trat er der Evangelischen Michaelsbruderschaft bei. Auf seine Veranlassung erfolgte 1938 eine Erneuerung der Dorfkirche. Hans von Wedemeyer fiel 1942 bei Stalingrad.

Besonders eng verbunden war Maria nicht nur mit ihrem Vater, sondern auch mit ihrem Bruder Max, der ebenfalls 1942 in Russland fiel. Über ihre Verbindung schrieb sie an Dietrich Bonhoeffer: »Als Max in Rußland war, da machten wir immer genau Tag, Stunde und Minuten aus, in denen wir aneinander denken wollten. Wir haben es beide nie vergessen und es war oft so schön, als wären wir ein bischen [sic!] zusammen gewesen.«[25]

Maria von Wedemeyer fühlte sich wohl in Pätzig und war auch eine passionierte Reiterin. »Heute nacht bin ich bei sternklarem Himmel zwei Stunden [...] geritten. Es war wunderschön. – Und es ist doch ein schöner Gedanke, daß Du einmal mitreiten könntest.«[26], schrieb sie an ihren Verlobten.

Anfang 1945 musste Maria von Wedemeyer ihre Heimat vor der herannahenden Front verlassen. Sie verließ Pätzig mit einem Kindertreck, ihre Mutter gelangte zu Fuß in den Westen. Heute erinnert die auf das Spätmittelalter zurückgehende Feldsteinkirche an die Zeit, als Familie von Wedemeyer in Pätzig wohnte. Auf dem nahen Friedhof kann man noch einige Grabplatten aus deutscher Zeit entdecken. Nicht erhalten blieb das Herrenhaus, es wurde 1945 von russischen Soldaten niedergebrannt.

PL-74-510 Piaseczno

Schönberg

Letzter Gottesdienst

Knapp 4000 Einwohner zählt der 38 km nördlich von Passau gelegene Markt Schönberg im Bayerischen Wald. Hier traf der Häftlingstransport mit ca. 70 Personen, in dem auch Dietrich Bonhoeffer mitgeführt wurde, von Regensburg kommend am frühen Nachmittag des 6. April 1945 ein. Am 3. April hatte der Transport das Konzentrationslager Buchenwald verlassen.

Bonhoeffer wurde mit den Sonderhäftlingen und einem Teil der Sippenhäftlinge, u. a. Anneliese Goerdeler mit Kindern, in der Mädchenschule – einem ehemaligen Kloster – einquartiert, während die übrigen Sippenhäftlinge wie die Stauffenbergs im Knabenschulhaus untergebracht wurden. Einer seiner Zimmergenossen war Leutnant Wassilij Kokorin, der Neffe des sowjetischen Außenministers Molotow. Am Morgen des 8. April, es war der Sonntag Quasimodogeniti, hielt Dietrich Bonhoeffer auf Bitten seiner Mitgefangenen in dem hellen Schönberger

Die ehemalige Mädchenschule in Schönberg, Bonhoeffers Gefängnis

Schulsaal seinen letzten Gottesdienst. Er betete und legte die Losungstexte des Tages aus: »Durch seine Wunden sind wir geheilt« (Jes. 53,5) und »Gelobet sei Gott und der Vater unsers HERRN Jesu Christi, der uns nach seiner Barmherzigkeit wiedergeboren hat zu einer lebendigen Hoffnung durch die Auferstehung Jesu Christi von den Toten« (1. Petr. 1,3). Sein britischer Mitgefangener Payne Best erinnerte sich später: »Die Art, wie er sprach, erreichte unser aller Herzen. Er fand genau die richtigen Worte für unsere Gefangenschaft und die Gedanken und Entschlüsse, die sie gebracht hatte.«[27] Kurz nach Ende des Gottesdienstes führten zwei Männer in Zivil Bonhoeffer ab und brachten ihn ins 150 km entfernte Konzentrationslager Flossenbürg. Die übrigen Häftlinge verließen am 16. April Schönberg in Richtung des KZ's Dachau und erlangten am 4. Mai im Hotel Pragser Wildsee in Südtirol die Freiheit.

Das Schulhaus in der Regener Straße, in dem Dietrich Bonhoeffer zwei Tage inhaftiert war, befindet sich heute in Privatbesitz. Eine Gedenktafel erinnert an seinen Aufenthalt. Die Schule, die evangelisch-lutherische Kirche und eine Straße des Ortes tragen den Namen Dietrich Bonhoeffer.

Regener Straße 2, 94513, Schönberg,
www.markt-schoenberg.de

Tübingen

Beginn der Studienzeit

Nach erfolgreich bestandenem Abitur nahm der 17jährige Dietrich Bonhoeffer im April 1923 das Studium der Theologie in Tübingen auf. In der Familie Bonhoeffer war es üblich, das Studium an der renommierten württembergischen Universität zu beginnen. Zur gleichen Zeit wie Dietrich studierte auch seine Schwester Christine in Tübingen Biologie.

Zunächst bezog Dietrich Bonhoeffer ein Privatquartier in der Uhlandstraße 10. Bald schon zog er jedoch zu seiner Großmutter Julie Bonhoeffer, die in der Neckarhalde 38 wohnte. In Tübingen trat Dietrich Bonhoeffer der Studentenverbindung

Tübingen, Neckarfront mit Stiftskirche

Tübingen, Blick über den Bahnhof zur Stadt im Jahr 1904

»Igel« bei. Schon sein Vater hatte dieser 1871 gegründeten Verbindung angehört. Seit ihrer Gründung trug man in der Verbindung keine Farben und schlug auch keine Bestimmungsmensuren. Der Igel versteht sich eher als Freundschaftsbund denn als traditionelle studentische Verbindung. Auch Bonhoeffers Schwager Rüdiger Schleicher gehörte zu den Bundesbrüdern des Igel. Seit 2004 erinnert eine Gedenktafel an Dietrich Bonhoeffer, Rüdiger Schleicher und einen weiteren, von den Nationalsozialisten ermordeten Bundesbruder.

Während seiner Tübinger Studentenzeit nahm Dietrich Bonhoeffer an einer zweiwöchigen Ausbildung als Freiwilliger der Reichswehr in Ulm teil. Nachdem er ein Jahr in Tübingen studiert hatte, folgte ein Auslandssemester in Rom. In Tübingen trägt eine Kirchgemeinde Bonhoeffers Namen.

i Uhlandstraße 10, 72072 Tübingen; Neckarhalde 38, 72070 Tübingen; Akademische Verbindung Igel, Schloßbergstraße 7, 72070 Tübingen, Tel.: (07071) 49614, www.avigel.de

Weimar

Haft im KZ Buchenwald

Im Konzentrationslager Buchenwald war Dietrich Bonhoeffer etwa acht Wochen von Anfang Februar bis Anfang April 1945 inhaftiert. Nach dem schweren Bombenangriff auf das Gefängnis des Reichssicherheitshauptamtes in Berlin am 3. Februar 1945 hatte man ihn mit weiteren Gefangenen hierher verlegt.

Die ersten Gefangenen kamen 1937 aus dem KZ Sachsenhausen nach Buchenwald. Buchenwald war das drittgrößte KZ für Männer in Deutschland und ursprünglich für etwa 8000 Häftlinge ausgelegt. Tatsächlich waren hier 1944 etwa 58.000 Menschen inhaftiert. Bis zur Befreiung des Lagers durch amerikanische Truppen im April 1945 kamen hier 56.000 Menschen durch Zwangsarbeit, medizinische Experimente und Hinrichtungen ums Leben. Von 1945 bis 1950 inhaftierten die Sowjets in Buchenwald über 28.000 Menschen, von denen etwa ein Viertel die Lagerhaft nicht überlebten.

Dietrich Bonhoeffer wurde außerhalb des eigentlichen Lagers in einem feuchten Keller in den SS-Kasernen inhaftiert. Hier teilten sich 17 Gefangene 12 Zellen. Bonhoeffer war in einer Zelle mit General Friedrich von Rabenau (1884–1945) eingesperrt. Auch von Rabenau hatte man wegen seiner Teilnahme an der Verschwörung gegen Hitler verhaftet und auch er starb im KZ Flossenbürg, wenige Tage nach Dietrich Bonhoeffer. In Buchenwald führten beide theologische Gespräche – von Rabenau hatte nach seiner vorzeitigen Versetzung in den Ruhestand ein Theologiestudium aufgenommen – und spielten Schach. Briefe Dietrich Bonhoeffers

aus der Zeit in Buchenwald gibt es nicht. Am 1. April, dem Ostersonntag, konnten die Häftlinge in der Ferne schon die amerikanischen Geschütze hören. Zwei Tage später bekamen alle 17 Gefangenen von der SS den Abmarschbefehl mit unbekanntem Ziel.

Bonhoeffers Mitgefangener Payne Best beschrieb ihn in seiner Zeit in Buchenwald als »die Demut und Liebenswürdigkeit in Person. Er schien mir immer eine Atmosphäre von Glücklichsein zu verbreiten, von Freude selbst an den kleinsten Kleinigkeiten im Leben und einer tiefen Dankbarkeit dafür, dass er überhaupt am Leben war … Er war einer der ganz wenigen Menschen, die mir begegnet sind, denen ihr Gott Wirklichkeit und stets nahe war.«[28]

Die Grundmauern der ehemaligen SS-Kaserne hatten seit 1990 Teilnehmer verschiedener Workcamps freigelegt, 1999 konnte die Erinnerungsstätte eingeweiht werden. Spenden der Internationalen Bonhoeffer-Gesellschaft und der Evangelisch-lutherischen Kirchgemeinde Weimar ermöglichten die Wiederherstellung der im Jahr 2014 geschändeten Erinnerungsstätte. In Buchenwald starben auch der evangelische Pfarrer Paul Schneider (1897–1939) und der katholische Priester

Otto Neururer (1882–1940) aus Österreich. An sie erinnern die Gedenkräume im ehemaligen Arrestzellenbau.

Ausgrabung der SS-Ausbildungskaserne auf dem Gelände des ehemaligen KZ Buchenwald im Sommer 1994

Gedenkstätte Buchenwald, 99427 Weimar, Außenanlagen täglich bis zum Einbruch der Dunkelheit geöffnet, Museum Di–So 10–18 Uhr (Sommer) bzw. 10–16 Uhr (Nov.–März) geöffnet, Tel.: (03643) 430 200, www.buchenwald.de

Wuppertal

Barmer Theologische Erklärung

Vom 29. bis zum 31. Mai 1934 versammelte sich im Wuppertaler Stadtteil Barmen die erste Bekenntnissynode des 1933 ausgebrochenen Kirchenkampfes. Die auf der Synode verabschiedete »Theologische Erklärung zur gegenwärtigen Lage der Deutschen Evangelischen Kirche«, meist kurz »Barmer Theologische Erklärung« genannt, ist die wichtigste theologische Äußerung der Bekennenden Kirche. Die Bekennende Kirche trat damit der Theologie und dem Kirchenregime der »Deutschen Christen« entgegen. Diese hatten begonnen, in der evangelischen Kirche das Führerprinzip einzuführen, und wollten die Kirche dem nationalsozialistischen Staat gleichschalten.

Die sechs Thesen der »Barmer Theologischen Erklärung« erarbeitete im Wesentlichen der reformierte Theologe Karl Barth (1886–1968). Dabei unterstützten ihn die lutherischen Pfarrer Thomas Breit (1880–1966) und Hans Asmussen (1898–1968). Die »Barmer Theologische Erklärung« schließt Offenbarungsquellen neben »Jesus Christus, wie er uns in der Heiligen Schrift bezeugt wird«[29], aus. Sie betont Gottes Anspruch auf das ganze Leben der Menschen und die Unabhängigkeit der Kirche von den Angelegenheiten des Staates sowie ihr Selbstbestimmungsrecht. Grundsätzlich wird der Staat positiv gesehen. Verworfen werden die Politik der Gleichschaltung und der totale Anspruch der Weltanschauung des NS-Staates.

Dietrich Bonhoeffer nahm nicht an der Synode teil. Er war zu diesem Zeitpunkt Pfarrer zweier deutscher Gemeinden in London. Zusammen mit dem anglikanischen Bischof George Bell von Chichester sorgte er jedoch für die Veröffentlichung des gesamten Wortlautes der Erklärung in der Londoner »Times« vom 4. Juni 1934. Bonhoeffer war die Feststellung wichtig, dass die »Barmer

Die Gemarker Kirche in Wuppertal um 1890

Theologische Erklärung« keine Abspaltung der Bekennenden Kirche von der »offiziellen« deutschen Reichskirche war. Nicht die Bekennende Kirche, die Reichskirche hatte sich von der einen Kirche Jesu Christi getrennt. Damit war die Bekennende Kirche für ihn die eigentliche deutsche evangelische Kirche geworden.

Die Barmer Bekenntnissynode tagte in der Gemarker Kirche in Wuppertal-Barmen. Bei einem Bombenangriff im Mai 1943 brannte die Ende des 19. Jahrhunderts errichtete Kirche bis auf die Außenmauern nieder. In veränderter Form wurde die Kirche bis 1955 wiederaufgebaut. Heute erinnert eine Ausstellung an die Entstehung und die Wirkungsgeschichte der »Barmer Theologischen Erklärung« und versucht Antworten auf die Frage zu geben, welche Orientierung der christliche Glaube dem Leben in der Gegenwart geben kann. Die »Barmer Theologische Erklärung« zählt zu den Bekenntnisgrundlagen einiger Mitgliedskirchen der Evangelischen Kirche in Deutschland (EKD) und findet sich im vollen Wortlaut im Evangelischen Gesangbuch.

Citykirche Barmen, Zwinglistraße 5, 42275 Wuppertal,
Di–Fr 11–17 Uhr, Sa 10–14 Uhr geöffnet,
Tel.: (0202) 25 53 010, www.gemarke-wupperfeld.de

Zingst

Begegnung mit Eberhard Bethge

Im April 1935 verließ Dietrich Bonhoeffer London, um die Leitung eines von fünf Predigerseminaren der Bekennenden Kirche zu übernehmen. Viele der 23 Pfarramtskandidaten waren bereits in Berlin eingetroffen. Schließlich bot sich in Zingst an der vorpommerschen Ostseeküste die Möglichkeit, vorübergehend in einem Haus des Westfälischen Schülerbibelkreises unterzukommen. »Es dauerte einige Tage, bis die 23 Kandidaten vollzählig in die Hütten des Zingsthofes eingezogen waren. Der Zingsthof erwies sich als ein ideales Refugium. Hundert Meter hinter der Stranddüne lag ein Fachwerkhaus inmitten von Nebengebäuden, die sich mit ihren tief herabreichenden Strohdächern gegen das Moor und den Barther Bodden hinstreckten.«[30] Die von Eberhard Bethge beschriebene Idylle hatte aber auch einige Nachteile: Das Haupthaus war nicht winterfest, und die Kandidaten des Predigerseminars kamen in nicht heizbaren Katen unter. Vom Zingsthof aus konnte man keine anderen Gebäude sehen, und der kleine Badeort selbst lag etwa zwei Kilometer entfernt. Mitte Juni musste die Seminaristen ihre Unterkunft aber bereits wieder räumen, da der Westfälische Schülerbibelkreis das Haus nun selbst benötigte. Im Sommer 1938 kehrte Dietrich Bonhoeffer nochmals für eine Woche auf den Zingsthof zurück. Es gelang ihm, 45 ehemalige Seminaristen zu einer gemeinsamen Freizeit zu versammeln.

Zu den 23 Kandidaten, die an Bonhoeffers erstem Vikariatskurs in Zingst teilnahmen, zählte auch sein späterer Freund und Biograph Eberhard

Dietrich Bonhoeffer mit einer Sammelbüchse vor dem Zingsthof

Bethge. Bethge sollte seine Ausbildung eigentlich am Predigerseminar in Wittenberg erhalten. Da er jedoch mit drei weiteren Kandidaten den Beschluss der Bekenntnissynode von Dahlem unterstützte, schloss Reichsbischof Müller diese Vikare von der Ausbildung in Wittenberg aus. Bethge erhielt nun eine Zuweisung für Bonhoeffers Vikariatskurs und traf einige Tage später in Zingst ein. Er war erstaunt über die Jugendlichkeit des Kursleiters, dessen Namen er bisher noch nicht gehört hatte und der sich auch persönlich für seine Seminaristen interessierte.

Bonhoeffer stellte sich die Ausbildung zukünftiger Pfarrer in einer Art klösterlicher Gemeinschaft vor, die sich am Leben Jesu und der Bergpredigt orientierte. In seinen Kursen wollte Bonhoeffer

Zingsthof

diese Idee vom »gemeinsamen Leben«, wie er es nannte, verwirklichen. In der anglikanischen Kirche Englands hatte Bonhoeffer in seiner Londoner Zeit verschiedene bruderschaftliche Bewegungen und Strömungen kennengelernt. Mit der Berneuchener Bewegung und der daraus 1931 erwachsenen Michaelsbruderschaft gab es auch in Deutschland ähnliche Entwicklungen. Gemeinsam war ihnen und Bonhoeffer das Bemühen um eine innere Erneuerung der Pfarrerschaft vom bruderschaftlichen Leben her. Dietrich Bonhoeffer erkannte das Problem der universitären Theologenausbildung, die Gelehrte hervorbrachte, aber keine Jünger Jesu, die in seiner Nachfolge lebten.

Die Gebäude des Zingsthofs wurden 1929 als Erholungsheim für den Westfälischen Schülerbibelkreis erbaut. Ab 1933 behinderten die staatlichen Behörden die Arbeit auf dem Zingsthof beträchtlich. Auch in der DDR drohte dem Rüstzeitheim wegen angeblicher hygienischer Missstände mehrfach die Schließung. Heute betreibt die Berliner Stadtmission den Zingsthof als Erholungs- und Rüstzeitheim.

In den 1990er Jahren erweiterte man den Zingsthof um die »Bonhoeffer-Kapelle«. Eine von der Bildhauerin Doris Oberländer (1903–1989) in den 1960er Jahren geschaffene Gedenktafel erinnert in der Kapelle an Bonhoeffers Wirken auf dem Zingsthof. In der 1860–1862 errichteten neogotischen Zingster Peter-Pauls-Kirche predigte Bonhoeffer am 2. Juni 1935. In die Fürbittgebete schloss Bonhoeffer auch inhaftierte Pfarrer der Bekennenden Kirche ein und erregte damit eine große Aufmerksamkeit.

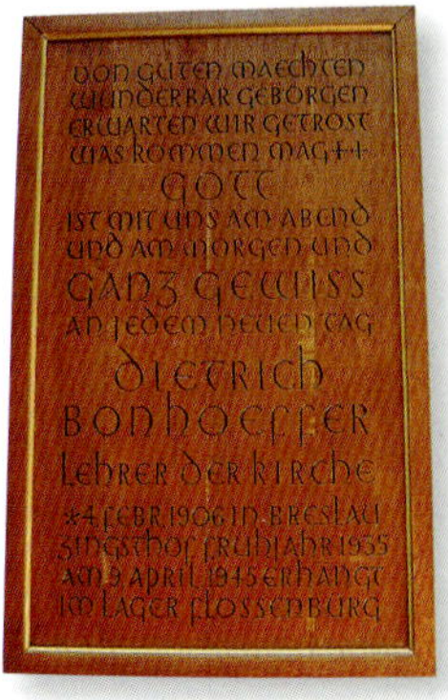

Gedenktafel in der Kapelle auf dem Zingsthof

Peter-Pauls-Kirche in Zingst

Familienferienstätte Zingsthof, Landstraße 1, 18374 Ostseeheilbad Zingst, Tel.: (038232) 814-0, www.zingsthof.de;

Peter-Pauls-Kirche Zingst, Kirchweg 8, 18374 Ostseeheilbad Zingst, Tel.: (038232) 15226, www.ev-kirche-zingst.de

Europa und Nordamerika
zur Zeit Dietrich Bonhoeffers

1 Barcelona
2 Chichester
3 London
4 Rom
5 Uppsala
6 Sigtuna
7 New York
OCEAN
NOVA ZEMBLA
KOLGUEV ISLAND
Kola Peninsula
White Sea
Archangel
FINLAND
Helsingfors
Lake Ladoga
Lake Onega
Leningrad
Stockholm
ESTONIA
Tallinn
LATVIA
Riga
LITHUANIA
EAST PRUSSIA
GERMANY
POLAND
Warsaw
Moscow
RUSSIAN SOCIALIST FEDERATED SO
RUSS
UKRAINE
Kiev
Kharkof
Odessa
Sea of Azof
CRIMEA
CAUCASUS
GEORGIA
BLACK SEA
RUMANIA
Bucharest
Danube
SLAVIA
SLOVENE-KINGDOM
BULGARIA
ALBANIA
GREECE
AEGEAN SEA
Constantinople
TURKEY
ARMENIA
ASIA MINOR
Aleppo

Barcelona

Vikariat in Spanien

Dietrich Bonhoeffer, aufgenommen 1928 in Barcelona

Ende 1927 verteidigte Dietrich Bonhoeffer seine Dissertation »Sanctorum Communio« an der Theologischen Fakultät der Berliner Universität. Kurz darauf eröffnete sich ihm die Möglichkeit, sein Vikariat in der deutschen Gemeinde in Barcelona zu absolvieren. In sein Tagebuch schrieb er: »Damit schien sich die Verwirklichung eines Wunsches, der sich bei mir in den letzten Jahren und Monaten immer verstärkt hatte, nämlich einmal auf längere Zeit ganz hinaus aus meinem bisherigen Bekanntenkreis völlig auf eigenen Füßen zu stehen zu kommen, anzubahnen.«[31] Im Februar 1928 begab er sich, nur unterbrochen von einem einwöchigen Besuch bei einem Freund in Paris, nach Barcelona.

Barcelona erschien Bonhoeffer so völlig anders als Berlin. Er hatte hier wenig intellektuelle Anregung und ihm fehlte der wissenschaftliche Gedankenaustausch. Die Deutschen in der Stadt hielt Bonhoeffer für konservativ und sehr materialistisch eingestellt. Von den etwa 6000 in der Stadt wohnenden Deutschen gehörte nur ein Bruchteil zur Gemeinde. Am Sonntag kamen etwa 40 Leute zum

Gottesdienst, in den heißen Sommermonaten weniger. Doch im Großen und Ganzen gefiel ihm die katalanische Metropole am Ufer des Mittelmeeres. Interessiert beobachte er hier, wie schon in Rom, den Katholizismus. Mit seinem Bruder Klaus, der ihn in Barcelona besuchte, fuhr er nach Madrid, Toledo, Cordoba, Granada, Gibraltar und Marokko.

Dietrich Bonhoeffer spielt Skat beim Gemeindefest, 1928

Dietrich Bonhoeffer trat in Barcelona dem »Deutschen Klub«, dem deutschen Tennisklub und dem deutschen Gesangsverein bei, dessen Pianist er wurde. Er wohnte in einer Pension nahe beim Pfarrhaus. Hier kam auch der deutsche Lehrer Hermann Thumm unter, mit dem er sich anfreundete.

Als Vikar des Gemeindepfarrers Friedrich Olbricht übernahm Bonhoeffer sowohl den Kindergottesdienst als auch 19 Predigten und einige Vorträge. So konnte Pfarrer Olbricht im Sommer 1928 für einige Monate nach Deutschland fahren, um seine Eltern zu besuchen. Zu Bonhoeffers erstem Kindergottesdienst erschien nur ein Mädchen. Doch er ließ sich nicht entmutigen, besuchte die Familien der Kinder und steigerte innerhalb kürzester Zeit den Besuch auf etwa 30 Kinder. In Barcelona begann Bonhoeffer, das Leben der Armen und Ausgestoßenen aus einem anderen Blickwinkel als bisher zu sehen: »Ich lerne von Tag zu Tag

Barcelona 1929

Menschen kennen, mindestens ihre Schicksale, manchmal schaut man auch durch ihre Schilderungen hindurch auf die Person – und dabei ist eines immer von neuem eindrucksvoll: man begegnet hier den Menschen, wie sie sind, fern von der Maskerade der ›christlichen Welt‹; Leute mit Leidenschaften, Verbrechertypen, ...; ich kann nur sagen, daß ich den Eindruck habe, daß gerade diese viel eher unter der Gnade als unter Zorn, daß aber gerade die christliche Welt viel eher unter dem Zorn als unter der Gnade steht.«[32] Als sich Bonhoeffers Zeit in Barcelona dem Ende zuneigte, bat ihn die Gemeinde, zu bleiben. Doch Dietrich Bonhoeffer

Deutsche Evangelische Kirche mit Bonhoeffer-Glocke

wollte zunächst seine Habilitation fertigschreiben und fuhr im Februar 1929 zurück nach Berlin.

Die Deutsche Evangelische Gemeinde in Barcelona wurde 1885 durch in der Stadt ansässige Deutsche und Schweizer gegründet. In der 1903 eingeweihten ersten eigenen Kirche der Gemeinde predigte auch Dietrich Bonhoeffer. Im Spanischen Bürgerkrieg (1936–1939) wurde die Kirche geschlossen und das Pfarrhaus geplündert. Die Gemeinde verkaufte 1940 das Gotteshaus an die deutsche Schule und erwarb ein neues Grundstück, auf dem bis 1942 die jetzige Kirche errichtet wurde. Jugendliche der Gemeinde haben sich intensiv mit Bonhoeffers Zeit in Barcelona beschäftigt und einen Film gedreht, der auf der Homepage der Gemeinde abgerufen werden kann. Die am 1. Advent 2015 geweihte Glocke der Gemeinde trägt den Namen »Dietrich Bonhoeffer«.

Deutsche Evangelische Gemeinde, Carrer Brusi 94, E-08006 Barcelona, Tel.: +34 (93) 200 0708, www.deg-barcelona.es/unsere-gemeinde/geschichte/dietrich-bonhoeffer

England

Dietrich Bonhoeffer und seine Konfirmanden Ingrid und John Kruesemann, 1934

London

Dietrich Bonhoeffer erhielt im Frühsommer 1933 von Theodor Heckel (1894–1967), seit 1928 Leiter des Kirchlichen Außenamtes der Deutschen Evangelischen Kirche, eine Stelle als Pfarrer einer deutschsprachigen Gemeinde in London angeboten. Im Juli 1933 reiste Bonhoeffer nach London und predigte sowohl in der reformierten Kirche St. Paul im East End als auch in der Deutschen Kirche in Sydenham, einem südlichen Vorort der englischen Hauptstadt. In beiden Gemeinden war man angetan von der Vorstellung des erst 27jährigen Theologen. Im Oktober 1933 trat Dietrich Bonhoeffer das Pfarramt in London an. Hier lernte er George Bell (1883–1958),

Das Londoner Pfarrhaus

Die Deutsche Kirche in Sydenham

den Bischof von Chichester, näher kennen. Er sollte in Bonhoeffers Leben eine wichtige Rolle spielen.

In Sydenham stand auch das Pfarrhaus der Gemeinde, in dem Dietrich Bonhoeffer wohnte. Die meisten Räume des verwinkelten viktorianischen Gebäudes nutzte eine private deutsche Schule. Kalt und zugig war die von einer Mäuseplage heimgesuchte Wohnung. Bonhoeffers Mutter schickte einige Möbel und einen Flügel nach London und vermittelte ihrem Sohn eine Haushälterin. Im Abstand von einigen Wochen fuhr Dietrich Bonhoeffer nach Berlin und blieb so über den Kirchenkampf auf dem Laufenden.

In London gab es zu Beginn der 1930er Jahre sechs deutschsprachige evangelische Gemeinden. Dietrich Bonhoeffer hatte zwei Gemeinden zu leiten. Beide waren zu klein, um je einen eigenen Pfarrer bezahlen zu können. Zur 1876 von wohlhabenden Kaufleuten und Handwerkern gegründeten Gemeinde in Sydenham kamen am Sonntag etwa 30 bis 40 Personen zum Gottesdienst, darunter viele Mitarbeiter der deutschen Botschaft. Reformierte Einwanderer aus der Pfalz gründeten im frühen 18. Jahrhundert die Gemeinde St. Paul's. Zu Bonhoeffers Zeiten kamen jeden Sonntagabend rund 50 Gemeindeglieder zusammen, zumeist Handwerker.

Dietrich Bonhoeffer bereicherte das Gemeindeleben an seiner neuen Wirkungsstätte. So führte er die Sonntagsschule ein und rief eine Jugend-

Die St. Pauls-Kirche

Dietrich Bonhoeffer (1. Reihe rechts) als Gast einer Geburtstagsgesellschaft, 1934

gruppe ins Leben. Für die Festgottesdienste zu Weihnachten und Ostern übte er ein Krippen- und ein Passionsspiel ein. Seine Predigten waren anspruchsvoll, und eschatologische Themen rückten in der Londoner Zeit in den Vordergrund. An seine Zwillingsschwester Sabine schrieb er über die »starke Sehnsucht [...] nach wirklichem letzten Frieden, wo nun wirklich all das Elend und Unrecht und Lüge und Feigheit ein Ende hat ...«.[33]

Als Bonhoeffer in London weilte, tobte der Kirchenkampf in Deutschland besonders heftig. Bald prägten seine Ansichten auch das Meinungsbild der anderen deutschen Pfarrer in London. So gelang es Dietrich Bonhoeffer, die meisten deutschen Pastoren in England von einer Reise nach Deutschland zur Einführung des Reichsbischofs Müller abzuhalten. Im Januar 1934 versagten die Londoner Pfarrer dem neuen Reichsbischof das Vertrauen. Daraufhin fuhr Theodor Heckel nach London, um die Pfarrer zur Unterzeichnung einer Übereinkunft mit der Leitung der Reichskirche zu bewegen.

Doch das misslang gründlich. Dietrich Bonhoeffer erhielt daraufhin sogar eine Audienz bei Erzbischof Cosmo Gordon Lang von Canterbury (1864–1945), was Heckel versagt blieb. Nun zitierte Heckel Bonhoeffer nach Berlin, um eine Unterschrift zu erlangen. Dietrich Bonhoeffer erbat sich Bedenkzeit und reiste wieder ab, nur um dann aus London seine Absage zu schicken.

Während seines Aufenthaltes in London trug sich Dietrich Bonhoeffer mit dem Gedanken, Mahatma Gandhi (1869–1948) in Indien zu besuchen. Ihn faszinierte die Gewaltlosigkeit des von Gandhi vertretenen zivilen Ungehorsams. Bonhoeffer erhielt Post von Gandhi und eine Einladung nach Indien. Doch die kirchliche Entwicklung in Deutschland ließ ihn nicht los. Im September 1934 überlegt er, ob er die Leitung eines Predigerseminars der Bekennenden Kirche in Brandenburg übernehmen soll. In einem Brief an seinen Freund Erwin Sutz (1906–1987) schreibt er am 11.09.1934 aus London: »Die gesamte Ausbildung des Theologennachwuchses gehört heute in kirchlich-klösterliche Schulen, in denen die reine Lehre, die Bergpredigt und der Kultus ernstgenommen wird – was gerade alles drei auf der Universität nicht der Fall ist und unter gegenwärtigen Umständen unmöglich ist.«[34] Eine Woche später fiel Dietrich Bonhoeffers Entscheidung, die Leitung eines Predigerseminars der Bekennenden Kirche zu übernehmen. Im März 1935 predigte Bonhoeffer zum letzten Mal in seinen Londoner Gemeinden. Anschließend besuchte er noch vier Wochen lang Gemeinden und kirchliche Einrichtungen verschiedener Konfessionen in ganz Großbritannien, bevor er nach Deutschland zurückkehrte.

Dietrich Bonhoeffer bei einem London-Besuch 1939

Dietrich Bonhoeffer kam 1939 noch zweimal nach London zurück. Im März besuchte er die nach England emigrierte Familie seiner Zwillingsschwester Sabine, traf sich mit alten Freunden und besuchte Bischof George Bell in Chichester. Auch auf seiner Rückreise aus Amerika im Juli machte Bonhoeffer nochmals in England Station, um Verwandte und Freunde zu treffen.

Dietrich-Bonhoeffer-Kirche

Dietrich Bonhoeffers Londoner Pfarrkirchen existieren heute nicht mehr. Deutsche Bomben zerstörten sowohl St. Paul's als auch die Kirche in Sydenham.

Dietrich-Bonhoeffer-Kirche

Während die Gemeinde von St. Paul's mit einer anderen deutschen Kirchengemeinde fusionierte, existiert die Gemeinde in Sydenham noch heute. Am Platz der zerstörten Kirche entstand 1959 ein neues Gebäude, das Kirche und Gemeindehaus verbindet. Die Gemeinde, die an zwei Sonntagen im Monat deutschen Gottesdienst feiert, trägt heute den Namen »Dietrich-Bonhoeffer-Gemeinde«. Die Gemeinde unterhält auch das Dietrich Bonhoeffer Centre London (DBCL) und will damit die Beschäftigung mit Bonhoeffers Leben und Werk im britischen Kontext fördern.

Dietrich-Bonhoeffer-Kirche, 50 Dacres Road, GB-London SE23 2NR, Tel.: +44 (0)20 7794 4207 (Pfarramt), www.german-church.org/london-ost/index.php/de/; DBCL: www.dbcl.jimdo.com/

Holy Trinity Church am Kingsway

Bischof George Bell feierte am 27. Juli 1945 in der Holy Trinity Church am Kingsway einen Gedenkgottesdienst für seinen Freund Dietrich Bonhoeffer und dessen Bruder Klaus. Auch Bonhoeffers Freunde Julius Rieger, von 1930 bis 1953 Pfarrer an der deutschen Kirche St. George's, und Franz Hildebrandt sprachen in dem Gottesdienst, an dem auch Dietrich Bonhoeffers Zwillingsschwester teilnahm. Der Gottesdienst wurde auch nach Deutschland übertragen. Heute erinnert nur noch die Fassade an die Anfang des 20. Jahrhunderts erbaute Kirche. Hinter dem Portal befinden sich Bürogebäude.

Holy Trinity Church, 123 Kingsway, GB-London WC2B 6PA

Westminster Abbey

In Westminster Abbey, der Krönungskirche der englischen Könige, erinnert seit 1998 eine Statue an Dietrich Bonhoeffer. In die zehn leeren Nischen über dem Westportal stellte man Bildnisse von Märtyrern des 20. Jahrhunderts. Die Märtyrer vertreten verschiedene christliche Konfessionen. Neben dem Lutheraner Bonhoeffer stehen hier der katholische Bischof Óscar Arnulfo Romero (1917–1980), der Baptistenpastor Martin Luther King (1929–1968), die russisch-orthodoxe Nonne Elisabeth von Hessen-Darmstadt (1864–1918) und der anglikanische Erzbischof Janani Jakaliya Luwum (1922–1977) aus Uganda.

Statue Dietrich Bonhoeffers (2. v. r.) über dem Westportal von Westminster Abbey

Westminster Abbey, 20 Dean's Yard (The Chapter Office), GB-London SW1P 3PA, Tel.: +44(0)20 7222 5152, www.westminster-abbey.org

Chichester

Dietrich Bonhoeffer erlebte George Bell, den Bischof von Chichester, erstmals bei einer Tagung in Genf im Sommer 1932. Kurz nach seiner Ankunft in London erhielt er eine Einladung in Bells Londoner Club »Athenäum« und lernte ihn näher kennen. Schon als Student hatte Bell einen Literaturpreis gewonnen. Als junger Pfarrer war er Chaplain des bedeutenden Erzbischofs Randall Davidson von Canterbury (1848–1930) und schrieb später dessen Biographie. Bell engagierte sich nach dem Ersten Weltkrieg in der ökumenischen Bewegung und traf dort auf Bonhoeffer. In Canterbury begründete Bell ein Kunstfestival und lud so bekannte Schriftsteller wie Dorothy L. Sayers (1893–1957) und T. S. Elliot (1888–1965) ein.

Erstmals besuchte Dietrich Bonhoeffer den Bischof von Chichester am 21. November 1933 in seiner Residenz. Schnell wurden sie Freunde. Bell hatte erst kurz vorher Berlin besucht und kannte sich gut mit der kirchlichen Lage in Deutschland aus. Er hatte den hier erlebten Antisemitismus bekannt gemacht und kurz vor der Begegnung mit Bonhoeffer im Namen der Ökumene gegen die Anerkennung des Arierparagraphen durch die deutsche Kirche protestiert. Viele seiner Informationen über Deutschland bezog Bischof Bell von Dietrich Bonhoeffer. Und Bell gab sein Wissen an die britische Öffentlichkeit weiter, indem er zum Beispiel Leserbriefe an die »Times« schrieb.

Chichester liegt im Süden Englands, nur wenige Kilometer von der Kanalküste entfernt. Die Anfänge der ca. 25.000 Einwohner zählenden Stadt liegen in römischer Zeit. Im Jahr 1075 wurde Chichester Sitz eines Bischofs, dessen Diözese die Grafschaf-

Chichester Cathedral

ten West und East Sussex umfasst. Sowohl der Bischofspalast aus dem 14. Jahrhundert mit dem öffentlich zugänglichen Garten als auch die Kathedrale präsentieren sich dem Besucher noch heute wie zu Zeiten Bonhoeffers und Bells. Die Kathedrale geht auf das 11. Jahrhundert zurück und wurde über einer römischen Basilika errichtet.

Chichester Cathedral, Cathedral Cloisters, GB-Chichester, West Sussex PO19 1RP, Tel.: +44 (0)1243 782595, www.chichestercathedral.org.uk

Rom

Eine andere Dimension von Kirche

Im April 1924 reiste Dietrich Bonhoeffer, damals gerade erst 18 Jahre alt, zusammen mit seinem Bruder Klaus nach Italien. Rom und die klassische Antike spielten in seiner Zeit am Gymnasium eine wichtige Rolle. Karl August von Hase, Dietrichs Urgroßvater, hatte die Stadt zwanzigmal besucht. So wuchs in Dietrich Bonhoeffer die Sehnsucht nach Italien, einem klassischen Reiseziel des gebildeten Bürgertums. Über die zwei Monate dauernde Reise, die auch Neapel, Pompeji, Sizilien und das damals italienische Libyen einschloss, führte er ein detailliertes Tagebuch.

Die beiden Brüder besuchten die üblichen Touristenattraktionen wie das Kolosseum, die Sixtinische Kapelle, den Petersdom oder das Trajansforum. Doch der Besuch lenkte den Blick des jungen Theologiestudenten auch auf eine ganz andere

Rom, Blick über den Tiber zum Petersdom

Frage: »Was ist die Kirche?« Er besuchte zahlreiche Messen und ihn beeindruckte der Gesang der Chorknaben in St. Peter. In der Hauptkirche der katholischen Christenheit erfuhr er erstmals die weltumspannende Dimension der Kirche: »Fabelhaft wirkt die Universalität der Kirche, Weiße, Schwarze, Gelbe, alle in geistlichen Trachten vereint unter der Kirche, scheint doch sehr ideal.«[35] Von der Audienz bei Papst Pius XI. (1922–1939) war Dietrich Bonhoeffer allerdings weniger begeistert: »Es war ziemlich unpersönlich und kühl feierlich. Der Papst machte einen ziemlich gleichgültigen Eindruck; es fehlt ihm überhaupt alles ›Päpstliche‹, jede Grandezza und jedes hervorragende Moment. Schade, daß das so wirkte!«[36]

Papst Pius XI.

Bonhoeffers Offenheit für den Katholizismus war untypisch für seine Zeit und seine kulturprotestantische Prägung. Doch das Erleben der Einheit der Kirche über Rassen- und Ländergrenzen hinweg – der Gedanke der Universalität der Kirche – veränderte Bonhoeffers Leben und Denken nachhaltig. Hier erkannte er, dass die evangelischen Landeskirchen in Deutschland zu staatsnah geworden sind und die Kirche vom Staat getrennt werden sollte. Die Erlebnisse in Rom beeinflussten sein Leben und Denken entscheidend und führten auch zu seinem Engagement in der noch jungen ökumenischen Bewegung.

Rom, Kuppel des Petersdoms

Bonhoeffer ist noch zweimal kurz in Rom gewesen. Im Anschluss an eine ökumenische Tagung in der Schweiz reiste er 1936 mit Eberhard Bethge in die italienische Hauptstadt. Mit seinem Schwager Hans von Dohnanyi fuhr er 1942 nach Rom, um im Auftrag der Abwehr unter Vermittlung des Vatikan Gespräche zwischen den Verschwörern gegen Hitler und der britischen Regierung anzubahnen.

Petersdom, Piazza San Pietro, 00120 Città del Vaticano, Vatikanstadt (Rom), Tel.: +39 800 038 436, www.vatican.va/various/basiliche/san_pietro/index_it.htm

Schweden

»Pazifist und Staatsfeind«

Dietrich Bonhoeffer feierte am 4. Februar 1936 seinen 30. Geburtstag. Im Finkenwalder Predigerseminar kam ein findiger Kandidat auf den Gedanken, dass Bonhoeffer bei dieser Gelegenheit auch selbst etwas verschenken könne. Seine Seminaristen wünschten sich eine Reise nach Schweden, die er umgehend organisierte. Schon am 1. März stachen 24 Pfarramtsanwärter zusammen mit Dietrich Bonhoeffer von Stettin aus in See.

Das Auswärtige Amt hatte Bonhoeffer bereits im Visier, konnte aber die kurzfristig angesetzte Reise nicht mehr verhindern. Ausführlich berichteten die schwedischen Zeitungen auf ihren Titelseiten über die Reise und den Empfang der Gruppe bei Erzbischof Erling Eidem (1880–1972) in Uppsala. Die vielen Berichte setzten den für die Beziehungen der Reichskirche zum Ausland verantwortlichen Bischof Heckel, mit dem Bonhoeffer sich schon in

Die Altstadt und der Dom von Uppsala im Jahr 1940

London auseinandersetzten musste, unter Druck. In einem Schreiben an den Landeskirchenausschuss denunzierte er Dietrich Bonhoeffer: »Ich möchte aber nicht versäumen, den Landeskirchenausschuß darauf aufmerksam gemacht zu haben, daß Lic. Bonhoeffer durch diese Begebenheit sehr in das Licht der Öffentlichkeit gerückt ist. Da der Vorwurf gegen ihn erhoben werden kann, daß er Pazifist und Staatsfeind ist, dürfte es angebracht sein, daß der Landeskirchenausschuß sich deutlich distanziert und Maßnahmen ergreift, daß nicht länger deutsche Theologen von ihm erzogen werden.«[37] Daraufhin wurde Dietrich Bonhoeffer die Lehrbefugnis an der Universität Berlin entzogen.

Im Mai 1942 reiste Bonhoeffer im Auftrag der Abwehr nach Genf. Dort brachte er in Erfahrung, dass sich Bischof George Bell in Schweden aufhielt. Bonhoeffer wollte seinen alten Freund dort

Sigtuna, Ehemaliges Nordisches Ökumenisches Institut

treffen, um ihn über die Verschwörung gegen Hitler zu informieren. Bell fiel dann die Aufgabe zu, Churchill von den Plänen zu informieren. Admiral Canaris besorgte einen Kurierausweis des Auswärtigen Amtes, und am 30. Mai flog Bonhoeffer nach Stockholm und begab sich nach Sigtuna. Hier hielt sich Bell im Nordischen Ökumenischen Institut auf. Mehr als drei Jahre hatten sich beide nicht gesehen. Bonhoeffer informierte Bell über die Verschwörung gegen Hitler. Doch Bell dämpft die Erwartungen an eine positive Reaktion des Premiers Winston Churchill (1874–1965). Für weitere Verhandlungen schlug man ein Treffen in der Schweiz vor. Letztlich jedoch scheiterte der Versuch, mit der englischen Seite in Kontakt zu treten. Doch das Treffen hatte für Bonhoeffer auch eine private Seite. George Bell berichtete von Bonhoeffers Zwillingsschwester Sabine und ihrer Familie und nahm auch einen Brief für sie in Empfang. Nach der Abreise Bischof Bells aus Schweden schrieb Dietrich Bonhoeffer an ihn: »Es erscheint mir noch wie ein Traum, Sie gesehen, zu Ihnen gesprochen, Ihre Stimme gehört zu haben. Ich glaube, diese Tage werden unter den größten meines Lebens in Erinnerung bleiben. Dieser Geist der Gemeinschaft und christlicher Brüderlichkeit wird mich durch die dunkelsten Stunden tragen, und selbst wenn die Dinge schlimmer kommen, als wir erhoffen und erwarten, wird das Licht dieser wenigen Tage in meinem Herzen nie verlöschen.«[38]

Uppsala

Die alte schwedische Bischofsstadt Uppsala liegt etwa 70 km nördlich der Hauptstadt Stockholm. Bonhoeffer traf hier mit seinen Studenten den

Erzbischof von Uppsala. Der gotische Dom wurde nach dem Stadtbrand von 1702 wiederhergestellt und im 19. Jahrhundert um die höchsten Kirchtürme Skandinaviens erweitert.

Uppsala domkyrka, Domkyrkoplan, SE-753 10 Uppsala, Tel.: +46 (0)18 430 35 00, www.svenskakyrkan.se/uppsaladomkyrkoforsamling/uppsala-domkyrka

Sigtuna

Sigtuna liegt rund 50 km nordwestlich von Stockholm. In der kleinen, 8000 Einwohner zählenden Stadt zeigt sich die historische Altstadt mit ihren Holzhäusern noch wie zu Zeiten von Bonhoeffers Besuch. Das 1940 gegründete Nordische Ökumenische Institut war Bestandteil der noch heute bestehenden christlichen Sigtuna-Stiftung.

Sigtunastiftelsen, Manfred Björkquists allé 4, SE-193 22 Sigtuna, Tel.: +46 (0)8 592 589 00, www.sigtunastiftelsen.se

Sigtuna

USA – New York

Zwischen liberaler Theologie und Evangelium

Manhatten im Jahr 1931

Dietrich Bonhoeffer besuchte zweimal die Vereinigten Staaten von Amerika. Vom September 1930 bis zum Juni 1931 weilte er zu einem Studienaufenthalt am Union Theological Seminary in New York. Seit dem späten 19. Jahrhundert hatte sich die unabhängige Hochschule zu einem Zentrum des liberalen Christentums entwickelt. Bonhoeffer hatte ohnehin keine hohen Erwartungen an die theologische Arbeit in den USA. Doch seine Erfahrungen waren noch schlimmer als befürchtet: »Eine Theologie gibt es hier nicht... Es wird das Blaue vom Himmel heruntergeschwatzt ohne die geringste sachliche Begründung und ohne daß irgendwelche Kriterien sichtbar werden. Die Studenten – durchschnittlich 25–30 Jahre alt – sind restlos ahnungslos, worum es eigentlich in der Dogmatik geht. Sie kennen nicht die einfachsten Fragestellungen. Man berauscht [sich] an liberalen und humanistischen Redensarten, belächelt die Fundamentalisten und ist ihnen im Grund nicht einmal gewachsen.«[39]

Positiv äußerte sich Bonhoeffer über das Zusammenleben der Studenten im Wohnheim: »Das tägliche Zusammenleben erzeugt einen starken Geist der Kameradschaft, der gegenseitigen Hilfsbereitschaft.«[40] Aber auch hier spart er nicht mit Kritik: »Es fehlt nicht nur die Ruhe sondern auch

Union Theological Seminary

der eigentümliche Antrieb zur individuellen Gedankenbildung, der in deutschen Universitäten durch das abgeschlossene Leben der Einzelnen mitverursacht ist. So gibt es wenig geistige Konkurrenz und wenig geistigen Ehrgeiz. Das gibt dem Seminar-, Vorlesungs- und Diskussionsbetrieb einen sehr harmlosen Charakter. Es lähmt jede radikale, sachliche Kritik. Es ist mehr ein freundschaftlicher Meinungsaustausch als ein Arbeiten an der Erkenntnis.«[41]

Enttäuscht zeigte sich Bonhoeffer auch von den Predigten, die er hörte: »Die Predigt ist herabgewürdigt zu kirchlichen Randbemerkungen zu Zeitereignissen. Ich habe, solange ich hier bin, eine Predigt gehört, in der man so etwas wie Verkündigung hören konnte ... Eine große Frage ist es, die mich angesichts dieser Tatsachen immer beschäftigt, ob man hier eigentlich noch von Christlichkeit reden kann und wo dann das Kriterium liegt. Es hat doch keinen Sinn dort, wo das Wort wirklich nicht mehr gepredigt wird, noch Früchte zu erwarten.«[42] Die christliche Botschaft wird ersetzt durch einen fortschrittsgläubigen sozialen und ethischen Idealismus, aus der Kirche als der Gemeinschaft der Gläubigen wird eine beliebige gesellschaftliche Vereinigung. »Man kann in New York fast über alles predigen hören, nur über eines nicht oder doch so selten, dass es mir jedenfalls nicht gelungen ist, es zu hören, nämlich über das Evangelium Jesu Christi, vom Kreuz, von Sünde und Vergebung, von Tod und Leben.«[43]

Positiv überrascht wurde er jedoch von den sogenannten »Negerkirchen«. Bonhoeffers afroamerikanischer Kommilitone Albert Franklin Fisher lud ihn in die Abyssinian Baptist Church in Harlem ein. In diesem von der schwarzen Unterschicht geprägten Milieu erlebte er eine kraftvolle Predigt des Evangeliums. Die Gemeinde zählte Mitte der 1930er Jahre 14.000 Gemeindeglieder. Aus Zehntgaben und Spenden hatten sich die Gläubigen eine große Kirche errichtet. Seit 1908 war hier Dr. Adam Clayton Powell sen. (1865–1953) Hauptpastor, der Sohn eines afroamerikanischen Sklaven und einer Indianerin. Bonhoeffer ging für den Rest seiner New Yorker Zeit in diese Kirche und engagierte sich dort. Hier lernt er die Negro Spirituals kennen, und ihm wird neu deutlich, welche Bedeutung die Musik für den Gottesdienst hat. Dietrich Bonhoeffer interessiert sich sehr für die Rassenfrage und damit zusammenhängende Probleme. Anfang 1932 spricht er darüber mit seinen Berliner Konfirmanden.

Von New York aus unternahm Bonhoeffer auch Fahrten in andere Städte der USA. Das Weihnachtsfest 1930 verbrachte er in Havanna (Kuba). Im Frühjahr 1931 unternahm er mit Freunden eine Autotour nach Mexiko. Ende Juni kehrte er nach Deutschland zurück.

Im Jahr 1939 verschlechterte sich die politische Situation in Deutschland und Europa bedenklich. Dietrich Bonhoeffer drohte die Einberufung zum Wehrdienst. Freunde und Verwandte drängten ihn, eine Einladung des Union Theological Seminary in New York anzunehmen. Aber Bonhoeffer wollte auch weiterhin der Bekennenden Kirche in seiner Heimat dienen. Erst als der Einberufungsbescheid eintraf, fuhr er am 2. Juni 1939 in die USA. Doch die

New York 1932

Zweifel sind damit nicht beseitigt. Am 11. Juni, noch vor der Ankunft in New York, schrieb er an Eberhard Bethge: »Wenn nur die Zweifel am eigenen Weg überwunden wären.«[44] In New York angekommen, wohnt Dietrich Bonhoeffer in einer Gästesuite des Union Theological Seminary. Doch es gelingt ihm nicht, theologisch zu arbeiten. Ständig denkt er an Deutschland und hält seine Reise für einen Fehler. In sein Tagebuch schreibt er am 15. Juni: »Die ganze Wucht der Selbstvorwürfe wegen einer Fehlentscheidung kommt wieder auf und erdrückt einen fast. Ich war sehr verzweifelt.«[45]

Nochmals besucht er einen Gottesdienst in der Riverside Church, und wiederrum bleibt nur Enttäuschung zurück. Der Predigttext stammt aus der Schrift eines amerikanischen Philosophen: »Einfach unerträglich ... Solche Predigt macht libertinistisch, egoistisch, gleichgültig. [...] Vielleicht sind die Angelsachsen wirklich religiöser als wir, christlicher sind sie wohl nicht, wenn sie sich noch solche Predigten gefallen lassen. Es ist mir unzweifelhaft, daß in diesen religiösen hand-out der Sturm einmal kräftig hineinblasen wird, wenn Gott selbst überhaupt noch auf dem Plan ist ... Die Aufgaben für einen echten Theologen hier drüben sind unermeßlich. Aber diesen Schutt kann nur ein Amerikaner selbst wegräumen. Bis jetzt scheint keiner da zu sein.«[46] Er besucht schließlich den Gottesdienst einer presbyterianischen Kirche am Broadway und vergleicht diese »fundamentalistische« Kirche mit der Bekennenden Kirche, die Riverside Church aber mit der Reichskirche. In beiden Fällen steht die wahre Kirche mit dem Rücken zur Wand. Schon am 20. Juni fällt Bonhoeffer die Entscheidung, nach Deutschland zurückzufahren. Noch im Juli 1939 trifft er wieder in Berlin ein. Fünf Wochen später beginnt der Zweite Weltkrieg.

Riverside Church und Union Theological Seminary

Anfang des 20. Jahrhunderts traten in New York in vielen Gemeinden Gegensätze in Glaubensfragen offen zu Tage. Während einige die Bibel wörtlich auslegten, sahen andere in Jesus vor allem einen gesellschaftlichen Reformer. Vertreter dieser Richtung erwarteten von der Kirche eine aktive Einmischung in gesellschaftlichen Fragen. Zu ihnen gehörten auch der Milliardär John D. Rockefeller Jr. (1874–1960) und der Baptistenprediger Harry Emerson Fosdick (1878–1969), die 1922 eine Kirchgemeinde gründeten.

John D. Rockefeller Jr. kaufte einen in Manhattan, nicht weit vom Ufer des Hudson River entfernt gelegenen Bauplatz, auf dem seit 1927 die Riverside Church errichtet wurde. Ab 1930 feierte die Gemeinde ihre Gottesdienste in der noch nicht ganz fertiggestellten Kirche. Die Kirchgemeinde

Riverside Church

bezeichnet sich als überkonfessionell und gehört sowohl der American Baptist Church als auch der United Church of Christ an.

Die gewaltige neogotische Kirche orientiert sich an der berühmten Kathedrale von Chartres. Für den 120 m hohen Glockenturm nahm man einen der Türme der Kathedrale von Laon zum Vorbild. Auch das Labyrinth im Fußboden folgt den bekannten Beispielen in französischen Kathedralen. Auf der Kanzel der Kirche standen u. a. Martin Luther King, Nelson Mandela und Kofi Annan. Das Gotteshaus wurde als komplexes Gemeindezentrum konzipiert, zu dem auch ein Kindergarten, Tagungsräume, Bibliothek und Sporthalle gehören. Nur durch einen Straßenzug getrennt, befindet sich direkt neben der Riverside Church das 1836 gegründete Union Theological Seminary. Das 1910 fertiggestellte Gebäude orientiert sich an der englischen Gotik, der Turm kopiert den Vierungsturm der Kathedrale von Durham. Mit ca. 700.000 Bänden zählt die Bibliothek zu den größten theologischen Büchereien der Welt.

Das KZ Flossenbürg im Jahr 1945

eintraf. Hier wurde er zusammen mit Wilhelm Canaris (1887–1945), dem Leiter des militärischen Geheimdienstes, und Generalmajor Hans Oster (1887–1945) von einem Scheingericht zum Tode verurteilt und in den frühen Morgenstunden des 9. April gehängt. Zwei Wochen später befreiten amerikanische Truppen das Konzentrationslager.

Flossenbürg liegt in der Oberpfalz, nahe der Grenze zu Tschechien. Die ertragreichen Steinbrüche der Umgebung veranlassten die Nazis, 1938 hier ein Konzentrationslager für politische Häftlinge, Juden und Kriegsgefangene zu errichten. Für 2.000 Häftlinge geplant, lebten hier zeitweise bis zu 15.000 Gefangene. Flossenbürg war damit das viertgrößte Konzentrationslager des Deutschen Reiches. Die amerikanische Armee konnte bei ihrem Eintreffen allerdings nur noch 1.600 Internierte befreien. Alle anderen Gefangenen wurden von der SS auf Todesmärsche geschickt.

Auf einem Teil des Lagergeländes befindet sich heute eine Gedenkstätte. Bereits kurz nach dem Ende des Zweiten Weltkrieges wurde die Kapelle

Die Hinrichtungsstätte mit Gedenktafel

»Jesus im Kerker« errichtet, später ein Ehrenfriedhof angelegt. Den 50. Jahrestag der Befreiung des Lagers nahm man zum Anlass, das Gelände neu zu gestalten. Erhalten blieben einige Wachtürme, die Kommandantur, Lagerküche, Wäscherei und Krematorium. Im Jahr 2007 konnte eine Dauerausstellung zur Geschichte des Lagers eröffnet werden. Im Arresthof erinnert eine Gedenktafel an die Hinrichtungen Dietrich Bonhoeffers und der anderen Mitglieder der Verschwörung gegen Hitler. Vom Arrestbau blieb nur ein Rest erhalten, der größte Teil wurde 1964 abgerissen. Über dem »Tal des Todes« erhebt sich die Kapelle, in der eine Büste das Andenken an Dietrich Bonhoeffer wachhält. Neben der Kapelle haben auch die jüdischen Gemeinden Bayerns einen Ort des Gedenkens errichtet.

i KZ-Gedenkstätte Flossenbürg, Gedächtnisallee 5,
92696 Flossenbürg, Tel.: (09603) 903 90-0,
März–November täglich 9–17 Uhr,
Dezember–Februar täglich 9–16 Uhr geöffnet,
www.gedenkstaette-flossenbuerg.de

The Riverside Church, 490 Riverside Drive, New York, NY 10027, täglich 7–22 Uhr geöffnet, Tel.: (212) 870-6700, www.theriversidechurchny.org

Union Theological Seminary, 3041 Broadway at 121st Street, New York, NY 10027, Tel.: (212) 662-7100, www.utsnyc.edu

Abyssinian Baptist Church

Die Geschichte der Abyssinian Baptist Church nahm ihren Anfang im Jahr 1808. Einige äthiopische Seeleute und einige afro-amerikanische Gemeindeglieder verließen die First Baptist Church aus Protest gegen eine Sitzordnung, die schwarze und weiße Gottesdienstbesucher voneinander trennte.

Abyssinian Baptist Church

Bei der Namenswahl entschied sich die 1809 gegründete Gemeinde für eine historische Bezeichnung des Landes Äthiopien.

Im Stil der englischen Gotik erbaute die Gemeinde in den Jahren 1922 und 1923 das noch heute genutzte Gotteshaus. Die große Gemeinde nutzt ihre Kirche so intensiv, dass Touristen nur zum 11-Uhr-Gottesdienst zugelassen sind. Etwa 2½ Stunden dauert dieser von Gospelmusik und afroamerikanischer Spiritualität geprägte Gottesdienst.

Abyssinian Baptist Church, 132 Odell Clark Place, New York, NY 10030, Tel.: (212) 862-7474, www.abyssinian.org

Anmerkungen

1 Bismarck, Ruth-Alice von (Hg.) und Kanitz, Ulrich (Hg.): Brautbriefe Zelle 92. Dietrich Bonhoeffer – Maria von Wedemeyer 1943–1945. München 6. Aufl. 2010, S. 180.
2 Ebd., S. 123.
3 Leibholz-Bonhoeffer, Sabine: Kindheit. In: Zimmermann, Wolf-Dieter (Hg.): Begegnungen mit Dietrich Bonhoeffer. München 4. Aufl. 1969, S. 16.
4 Karding, Inge, in: Doblmeier, Martin: Bonhoeffer. Pastor, Pacifist, Nazi Resister. A documentary film by Martin Doblmeier, vor 2003. Princeton University. Unveröffentlichtes Filmmaterial. Zitiert nach: Metaxas, Eric: Bonhoeffer. Pastor, Agent, Märtyrer und Prophet. Holzgerlingen 6. Aufl. 2014, S. 166.
5 Bismarck, Ruth-Alice von (Hg.) und Kanitz, Ulrich (Hg.): Brautbriefe Zelle 92. Dietrich Bonhoeffer – Maria von Wedemeyer 1943–1945. München 5. Aufl. 2006, S. 18.
6 DBW, Bd. 8, Widerstand und Ergebung. Briefe und Aufzeichnungen aus der Haft. Hrsg. von Christian Gremmels, Eberhard Bethge und Renate Bethge in Zusammenarbeit mit Ilse Tödt. 1998, S. 209.
7 Fabian von Schlabrendorff: Mit Dietrich Bonhoeffer im Gefängnis. In: Zimmermann, Wolf-Dieter (Hg.): Begegnungen mit Dietrich Bonhoeffer. München, 4. Aufl. 1969, S. 199 f.
8 Für die freundliche Auskunft danke ich Frau Dorothea Barfknecht, Staatsbibliothek zu Berlin – Preußischer Kulturbesitz, Handschriftenabteilung.
9 Von Weizsäcker, Carl Friedrich: Gedanken eines Nichttheologen zur theologischen Entwicklung Dietrich Bonhoeffers. In: Genf '76. Ein Bonhoeffer-Symposion (IBF 1). Hrsg. v. Hans Pfeifer. München 1976, S. 30.
10 Leibholz-Bonhoeffer, Sabine: Vergangen – erlebt – überwunden. Schicksale der Familie Bonhoeffer. Gütersloh, 9. Aufl. 2002, S. 52.
11 Leibholz-Bonhoeffer, Sabine: Kindheit und Elternhaus. In: Zimmermann, Wolf-Dieter (Hg.): Begegnungen mit Dietrich Bonhoeffer. München 4. Aufl. 1969, S. 18.
12 DBW, Bd. 16 Konspiration und Haft 1940–1945. Hrsg. von Jørgen Glenthøj, Ulrich Kabitz und Wolf Krötke. 1996, S. 103.
13 Bonhoeffer, Dietrich: Gesammelte Schriften (GS). Hrsg. von Eberhard Bethge. München 1958–1974. Bd. 2, S. 382.
14 Schönherr, Albrecht: In: Doblmeier, Martin: Bonhoeffer. Pastor, Pacifist, Nazi Resister. A documentary film by Martin Doblmeier, vor 2003. Princeton University. Unveröffentlichtes Filmmaterial. Zitiert nach: Metaxas, Eric: Bonhoeffer. Pastor, Agent, Märtyrer und Prophet. Holzgerlingen 6. Aufl. 2014, S. 331.
15 DBW, Bd. 14, Illegale Theologenausbildung. Finkenwalde 1935–1937. Hrsg. von Otto Dudzus und Jürgen Henkys in Zusammenarbeit mit Sabine Bobert-Stützel, Dirk Schulz und Ilse Tödt. 1996, S. 236 ff.
16 Bethge, Eberhard: Dietrich Bonhoeffer. Eine Biographie. München 7. Aufl. 1989, S. 1037.
17 DBW, Bd. 8, Widerstand und Ergebung. Briefe und Aufzeichnungen aus der Haft. Hrsg. von Christian Gremmels, Eberhard Bethge und Renate Bethge in Zusammenarbeit mit Ilse Tödt. 1998, S. 322.

18 Seehaber, Wolfgang: Maria von Wedemeyer. Bonhoeffers Verlobte. Ein Lebensbild. Basel 2. Aufl. 2013. S. 353 f.
19 Bethge, Eberhard: Dietrich Bonhoeffer. Eine Biographie. München 7. Aufl. 1989, S. 498.
20 DBW, Bd. 15, Illegale Theologenausbildung. Sammelvikariate 1937–1940. Hrsg. v. Dirk Schulz. 1998, S. 129 f.
21 Bismarck, Ruth-Alice von (Hg.) und Kanitz, Ulrich (Hg.): Brautbriefe Zelle 92. Dietrich Bonhoeffer – Maria von Wedemeyer 1943–1945. München 6. Aufl. 2010, S. 271 f.
22 Bethge, Eberhard: Dietrich Bonhoeffer. Eine Biographie. München 7. Aufl. 1989, S. 667.
23 Ebd., S. 667 f.
24 DBW, Bd. 15, Illegale Theologenausbildung. Sammelvikariate 1937–1940. Hrsg. v. Dirk Schulz. 1998, S. 291 f.
25 Bismarck, Ruth-Alice von (Hg.) und Kanitz, Ulrich (Hg.): Brautbriefe Zelle 92. Dietrich Bonhoeffer – Maria von Wedemeyer 1943–1945. München 6. Aufl. 2010, S. 49.
26 Ebd., S. 59.
27 Best, S. Payne: The Venlo Incident. Watford/Herts 1950, S. 200. Übersetzt bei: Metaxas, Eric: Bonhoeffer. Pastor, Agent, Märtyrer und Prophet. Holzgerlingen 6. Aufl. 2014, S. 661.
28 Ebd, S. 187. Übersetzt bei: Metaxas, Eric: Bonhoeffer. Pastor, Agent, Märtyrer und Prophet. Holzgerlingen 6. Aufl. 2014, S. 644.
29 Theologische Erklärung zur gegenwärtigen Lage der Deutschen Evangelischen Kirche, These 1.
30 Bethge, Eberhard: Dietrich Bonhoeffer. Eine Biographie. München 7. Aufl. 1989, S. 487 f.
31 DBW, Bd. 10, Barcelona, Berlin, Amerika. 1928–1930. Hrsg. v. Reinhard Staats und Hans Christoph von Hase in Zusammenarbeit mit Holger Roggelin und Matthias Wünsche. 1991, S. 19.
32 Ebd., S. 90 f.
33 DBW, Bd. 13, London 1933–1935. Hrsg. v. Hans Goedeking, Martin Heimbucher und Hans-Walter Schleicher. 1996, S. 35.
34 Ebd., S. 204 f.
35 DBW, Bd. 9, Jugend und Studium, 1918–1927. Hrsg. v. Hans Pfeifer in Zusammenarbeit mit Clifford Green und Carl-Jürgen Kaltenborn. 1986, S. 88.
36 Ebd., S. 110.
37 Bethge, Eberhard: Dietrich Bonhoeffer. Eine Biographie. München 7. Aufl. 1989, S. 581.
38 DBW, Bd. 16 Konspiration und Haft 1940–1945. Hrsg. von Jørgen Glenthøj, Ulrich Kabitz und Wolf Krötke. 1996, S. 773 f.
39 DBW, Bd. 10, Barcelona, Berlin, Amerika. 1928–1930. Hrsg. v. Reinhard Staats und Hans Christoph von Hase in Zusammenarbeit mit Holger Roggelin und Matthias Wünsche. 1991, S. 220.
40 Ebd., S. 263.
41 Ebd., S. 264.
42 Ebd., S. 221.
43 Ebd., S. 272.
44 DBW, Bd. 15, Illegale Theologenausbildung. Sammelvikariate 1937–1940. Hrsg. v. Dirk Schulz. 1998, S. 219.
45 Ebd., S. 222.
46 DBW 15, Sammelvikariate, S. 225.

Quellen- und Literaturverzeichnis

Bartels, Friedrich: Unterwegs in Hinterpommern. Ein kirchlich-diakonischer Reisebegleiter. Greifswald 2010.

Bethge, Eberhard: Dietrich Bonhoeffer. Eine Biographie. München 7. Aufl. 1989.

Bethge, Renate und Gremmels, Christian (Hg.): Dietrich Bonhoeffer. Bilder eines Lebens. Gütersloh 3. Aufl. 2005.

Bonhoeffer, Dietrich: Werke (abgekürzt: DBW). Hrsg. von Eberhard Bethge, Ernst Feil, Christian Gremmels, Wolfgang Huber, Hans Pfeifer, Albrecht Schönherr und Heinz Eduard Tödt. 17 Bde. München 1986–1998.

Bismarck, Ruth-Alice von (Hg.) und Kanitz, Ulrich (Hg.): Brautbriefe Zelle 92. Dietrich Bonhoeffer – Maria von Wedemeyer 1943–1945. München 6. Aufl. 2010.

Dramm, Sabine: Dietrich Bonhoeffer. Eine Einführung in sein Denken. Gütersloh 2001.

Leibholz-Bonhoeffer, Sabine: Vergangen – erlebt – überwunden. Schicksale der Familie Bonhoeffer. Gütersloh, 9. Aufl. 2002.

Marsh, Charles: Dietrich Bonhoeffer. Der verklärte Fremde. Eine Biografie. Gütersloh 2015.

Metaxas, Eric: Bonhoeffer. Pastor, Agent, Märtyrer und Prophet. Holzgerlingen 6. Aufl. 2014.

Ders.: Bonhoeffer. Eine Biografie in Bildern. Holzgerlingen 2013.

Richardi, Hans-Günter: SS-Geiseln im Markt Schönberg. Dramatische Tage am Ende des Zweiten Weltkrieges im Bayerischen Wald. Markt Schönberg 2010.

Robertson, Edwin H.: Dietrich Bonhoeffer. Leben und Verkündigung. Göttingen 1989.
Schlingensiepen, Ferdinand: Dietrich Bonhoeffer 1906–1945. Eine Biographie. München 2005.
Seehaber, Wolfgang: Maria von Wedemeyer. Bonhoeffers Verlobte. Ein Lebensbild. Basel 2. Aufl. 2013.
Tietz, Christiane: Dietrich Bonhoeffer. Theologe im Widerstand. München 2013.
Wind, Renate: Dem Rad in die Speichen fallen. Die Lebensgeschichte des Dietrich Bonhoeffer. Weinheim; Basel 1990.
Zimmermann, Wolf-Dieter (Hg.): Begegnungen mit Dietrich Bonhoeffer. München, 4. Aufl. 1969.
Ders.: Wir nannten ihn Bruder Bonhoeffer. Einblicke in ein hoffnungsvolles Leben. Berlin 1995.

Personenregister

Abbildungsnachweis

Wir danken allen Inhabern von Bildrechten für die Abdruckerlaubnis. Der Verlag hat sich bemüht, alle Inhaber von Rechten in Erfahrung zu bringen. Für zusätzliche Hinweise sind wir dankbar.

S. 7, 95, 96 u. © Gemeindearchiv der Deutschsprachigen Evangelischen Gemeinde Barcelona; S. 8 (1), 46f. © krzychu jarzyna/fotolia; S. 8 (2), 80 © JCG/fotolia; S. 8 (3), 108, 110 © Circumnavigation/fotolia; S. 9 (1), 116 © Gryffindor/Wikimedia Commons; S. 9 (2), 20f. Hintergrundbild (Zionskirche Berlin), 31 © Ansgar Koreng/Wikimedia Commons; S. 9 (3), 28 © chaya1/fotolia; S. 9 (4), 107 © cbckchristine/fotolia; S. 10 (1), 55f. © Condord/Wikimedia Commons; S. 10 (2), 73f. © Daniel Naczk/Wikimedia Commons; S. 10 (3), 34 © Bonhoeffer-Haus, Marienburger Allee 43, 14055 Berlin; S. 11 (1), 51 © LianeM/fotolia; S. 11 (2), 112 © Ulf Klingström/Wikimedia Commons; S. 11 (3), 35, 38f. © JVA Tegel; S. 11 (4), 60 © Concordiadomi/Wikimedia Commons; S. 12f. © kgberger/Wikimedia Commons; S. 14f. © WikiABG/Wikimedia Commons; S. 17 © Lucas Friese/Wikimedia Commons; S. 18f. © obelicks/fotolia; S. 20f. © lesniewski/fotolia; S. 22 © Filip em/Wikimedia Commons; S. 23, 42 u. © Axel Mauruszat/Wikimedia Commons; S. 24 © Fridolin freudenfett (Peter Kuley)/Wikimedia Commons; S. 25 © A.Savin/Wikimedia Commons; S. 26 © Humboldt-Universität zu Berlin, Michael Otto; S. 29 © Andreas Steinhoff/Wikimedia Commons; S. 30 o. © Jan Arkesteijn/Wikimedia Commons; S. 30 u., 32 o., 33 © OTFW, Berlin/Wikimedia Commons; S. 32 u. © Berkan/Wikimedia Commons; S. 37, 54, 59 © picture-alliance / akg-images; S. 40 © dalbera/Wikimedia Commons; S. 42 o. © Eisenacher/Wikimedia Commons; S. 44 © Hagar66/Wikimedia Commons; S. 47 © Jan Arkesteijn/Wikimedia Commons; S. 48 © esski/fotopolska.eu; S. 49 o., 66 o., 94, 103 o. © bpk / Rotraut Forberg; S. 49 u. © Bonio/Wikimedia Commons; S. 50 © Julo/Wikimedia Commons; S. 52 © Mitchell Lewis; S. 58 © Jarekt/Wikimedia Commons; S. 61, 84 © picture alliance / ZB; S. 63 © © www.helmling.info; S. 68, 76, 89, 99 © bpk / Staatsbibliothek zu Berlin; S. 69 Brogaj/Wikimedia Commons; S. 72 © Pko/Wikimedia Commons; S. 78f. © Markt Schönberg; S. 81 © NearEMPTiness/Wikimedia Commons; S. 83 © Markus Dick/fotolia; S. 86 © Gobel/Wikimedia Commons; S. 90, 91o. © Greifen/Wikimedia Commons; S. 91 u. © Sven Klingner, Leipzig; S. 92 o. © kartoxjm/fotolia; S. 92f. © George Washington Bacon/Wikimedia Commons; S. 96f. o. © Wames; S. 98, 100f., 103 u. © Dietrich-Bonhoeffer-Kirche (German Church Sydenham), Pfarramt London-Ost; S. 109 © Entheta/Wikimedia Commons; S. 111 © Oscar Bladh/Wikimedia Commons; S. 114 © Brorsson/Wikimedia Commons; S. 115 © BetacommandBot/Wikimedia Commons; S. 118 © Quasipalm/Wikimedia Commons; S. 120 © demerzel21/fotolia; S. 121 © marcorubino/fotolia